머리말

한자 문화권에 살고 있는 우리에게 한자는 필수적인 글자이다.

우리의 생활 속에는 한자어로 표기된 문서나 출판물들이 생각보다 많은데 글을 이해하고 의사를 표현하는 데 있어 한자를 모르면 그 뜻을 알 수 없는 것들이 상당수다.

한때 초, 중, 고등학교 교육 과정에서 한자 교육이 제외된 때도 있었지만, 한자 문화권 국가인 한국, 중국, 대만, 일본 등 다수의 아시아 국가들이 국제적으로 중요한 위치를 차지하는 오늘날, 한자의 중요성은 더욱 커져만 가고 있다. 그래서 우리나라에서도 국가가 공인하는 한자능력검정시험 제도를 실시하고 있으며, 이 시험을 통과한 자격 취득자들에게는 대입시험이나 취업에서 유리한 가산점을 주고 있다.

이 책은 교육부에서 지정한 한문 교육용 기초 한자 1,800자를 바탕으로 하고 있다. 한자 문화권에서 널리 쓰이는 한자, 한문고전에 많이 나오는 한자, 국어생활에 자주 쓰이는 한자를 가려 뽑아서 2000년 12월 30일에 개정 발표한 1,800자 가운데 중학교 교육용 900자를 엮어 만든 것이다.

한자를 효율적으로 공부하는 데 가장 효과적인 방법은 무엇보다 많이 쓰면서 익히는 것이다. 꾸준히 쓰면서 익혀 한자 공부에 많은 발전이 있기를 바란다.

새로 바뀐 한자

중학교용	李(이), 朴(박), 舌(설), 革(혁)
고등학교용	乞(걸), 隔(격), 牽(견), 繫(계), 狂(광), 軌(궤), 糾(규), 塗(도), 屯(둔), 騰(등), 獵(엽), 隷(예), 僚(료), 侮(모), 冒(모), 伴(반), 覆(복), 誓(서), 逝(서), 攝(섭), 垂(수), 搜(수), 押(압), 躍(약), 閱(열), 擁(옹), 凝(응), 宰(재), 殿(전), 竊(절), 奏(주), 珠(주), 鑄(주), 震(진), 滯(체), 逮(체), 遞(체), 秒(초), 卓(탁), 誕(탄), 把(파), 偏(편), 嫌(혐), 衡(형)

家	집 가					
	宀부의 7획					
	丶宀宀宁宇宇家家家					

佳	아름다울 가					
	人부의 6획					
	丶亻亻亻仁佳佳佳					

街	거리 가					
	行부의 6획					
	彳彳彳彳佳街街					

可	옳을 가					
	口부의 2획					
	一丆丆可可					

歌	노래 가					
	欠부의 10획					
	一口可可哥歌歌歌					

加	더할 가					
	力부의 3획					
	一力加加加					

價	값 가					
	人부의 13획					
	亻亻們們價價價價					

假	거짓 가					
	人부의 9획					
	亻亻仃仮俏假假假					

各	각각 각					
	口부의 3획					
	丿夂夂各各					

角	뿔 각					
	角부의 0획					
	丿宀宀角角角角					

3

脚	종아리	각					
	肉 부의 7획						
	刀 月 月 肝 肤 肤 脚 脚						

干	방패	간					
	干 부의 0획						
	一 二 干						

間	사이	간					
	門 부의 4획						
	丨 冂 冂 門 門 門 間 間						

看	돌볼	간					
	目 부의 4획						
	一 二 手 手 看 看 看 看						

渴	목마를	갈					
	水 부의 9획						
	氵 沪 沪 渇 渇 渇 渇 渇						

甘	달	감					
	甘 부의 0획						
	一 十 卄 卄 甘						

減	덜	감					
	水 부의 9획						
	氵 氵 沪 沪 沪 減 減 減						

感	느낄	감					
	心 부의 9획						
	丿 厂 厉 感 感 感 感 感						

敢	용감할	감					
	攴(攵) 부의 8획						
	工 工 王 耳 耳 郢 敢 敢						

甲	갑옷	갑					
	田 부의 0획						
	丨 冂 日 日 甲						

江	강　　　강					
	水 부의 3획					
	` ` `氵汀江江					

降	내릴 강　항복할 항					
	阜 부의 6획					
	` ` `阝阝阝降降降					

講	가르칠　　강					
	言 부의 10획					
	言言言許講講講講					

強	굳셀　　강					
	弓 부의 8획					
	` ` 弓 弘 弘 弪 強 強					

改	고칠　　개					
	攴(攵) 부의 3획					
	` ` 己 己 改 改 改					

皆	모두　　개					
	白 부의 4획					
	` 上 比 比 比 皆 皆					

個	낱　　개					
	人 부의 8획					
	亻 亻 伵 們 個 個 個					

開	열　　개					
	門 부의 4획					
	丨 冂 冃 冃 門 門 開 開					

客	손님　　객					
	宀 부의 6획					
	` 宀 宀 灾 灾 客 客					

更	다시 갱　고칠 경					
	曰 부의 3획					
	一 一 一 一 百 更 更					

去	갈	거					
	ム 부의 3획						
	一 十 土 去 去						

巨	클	거					
	工 부의 2획						
	丨 厂 F F 巨						

居	살	거					
	尸 부의 5획						
	丁 コ 尸 尸 尸 尸 居 居						

車	수레	거					
	車 부의 0획						
	一 厂 厅 盲 百 亘 車						

擧	들	거					
	手 부의 14획						
	臼 臼 毼 銵 銶 與 與 擧						

建	세울	건					
	廴 부의 6획						
	그 ㅋ ㅋ 肀 聿 律 建 建						

乾	하늘	건					
	乙 부의 10획						
	一 十 古 卓 卓 卓 乾 乾						

犬	개	견					
	犬 부의 0획						
	一 ナ 大 犬						

見	볼	견					
	見 부의 0획						
	丨 冂 冃 目 目 貝 見						

堅	굳을	견					
	土 부의 8획						
	丨 厂 臣 臣 臣 臤 堅						

한자	뜻	음	부수·획수	필순
決	결단할	결	水 부의 4획	丶 冫 氵 氵 汀 江 泱 決
結	맺을	결	糸 부의 6획	𠃋 幺 糸 糸 紅 紂 結 結
潔	깨끗할	결	水 부의 12획	氵 氵 洼 洼 潔 潔 潔 潔
京	서울	경	亠부의 6획	丶 亠 亠 宀 古 亨 亰 京
景	빛, 볕	경	日부의 8획	丨 冂 日 旦 昌 昌 暑 景
輕	가벼울	경	車 부의 7획	𠘨 百 亘 車 車 輕 輕 輕
經	다스릴	경	糸 부의 7획	𠃋 幺 糸 紅 紅 經 經 經
庚	나이	경	广 부의 5획	丶 亠 广 户 庐 庐 庚 庚
耕	갈	경	耒 부의 4획	一 三 丰 耒 耒 耒 耕 耕
敬	공경할	경	支(攵)부의 9획	丨 艹 艹 芍 苟 苟 敬 敬

驚

두려울 경

馬 부의 13획

⺍ ⺌ 敬 敬 敬 驚 驚

慶

경사 경

心 부의 11획

一 广 户 声 声 慶 慶 慶

競

다툴 경

立 부의 15획

一 十 产 音 竞 竟 競 競

癸

열째천간 계

癶 부의 4획

フ ㄱ 癶 癶 癶 癶 癸 癸

季

끝 계

子 부의 5획

一 二 千 禾 禾 季 季 季

界

경계 계

田 부의 4획

⼝ ⼞ 田 田 甲 界 界 界

計

꾀할 계

言 부의 2획

⺀ ⼀ ⼆ 言 言 言 計 計

溪

시내 계

水 부의 10획

⺀ ⺀ 氵 溪 溪 溪 溪 溪

鷄

닭 계

鳥 부의 10획

⺀ ⼀ 奚 奚 新 鷄 鷄

古

옛 고

口 부의 2획

一 十 十 古 古

故	예 고					
固	支(攵)부의 5획					
苦	十 十 古 古 古 故 故					
考	굳을 고					
高	口 부의 5획					
告	丨 冂 冃 用 囝 固 固					
谷	괴로울 고					
曲	艸 부의 5획					
穀	丶 丷 艹 苁 苦 苦 苦					
困	오랠 고					

坤	땅 곤					
	土 부의 5획					
	一十土圹圹圹坤坤					

骨	뼈 골					
	骨 부의 0획					
	丨冂冂凸丹骨骨骨					

工	장인 공					
	工 부의 0획					
	一丁工					

功	공 공					
	力 부의 3획					
	一丁工功功					

空	빌 공					
	穴 부의 3획					
	丶宀宀宍空空空					

共	한가지 공					
	八 부의 4획					
	一十廿艹共共					

公	공평할 공					
	八 부의 2획					
	丶八公公					

果	과실 과					
	木 부의 4획					
	丨冂冂日旦甲果果					

課	일과 과					
	言 부의 8획					
	丶言言詚詚詚課課					

科	과정 과					
	禾 부의 4획					
	二千千禾禾科科					

過	**지날** 과					
	辶 부의 9획					
	冂冂冎咼咼渦渦過過					
官	**벼슬** 관					
	宀 부의 5획					
	丶丶宀宀宁官官官					
觀	**볼** 관					
	見 부의 18획					
	丶丷艹艹苹萑雚觀觀					
關	**빗장** 관					
	門 부의 11획					
	冂冂門門閁閁閼關關					
光	**빛** 광					
	儿 부의 4획					
	丶丷丷业业光					
廣	**넓을** 광					
	广 부의 12획					
	一广产产产席席廣廣					
交	**사귈** 교					
	亠 부의 4획					
	丶亠亠六交交					
校	**학교** 교					
	木 부의 6획					
	十才木术杧杧枋校					
橋	**다리** 교					
	木 부의 12획					
	十才木杧桥栫橋橋					
教	**가르칠** 교					
	攴(攵)부의 7획					
	丶乂孑爻爻敎敎敎					

九	아홉	구					
	乙 부의 1획						
	ノ 九						

口	입	구					
	口 부의 0획						
	丨 冂 口						

救	구원할	구					
	攴(攵) 부의 7획						
	十 才 求 求 求 救 救 救						

究	연구할	구					
	穴 부의 2획						
	丶 宀 宀 宀 究 究						

久	오랠	구					
	ノ 부의 2획						
	ノ 夕 久						

句	글귀	구					
	口 부의 2획						
	ノ 勹 勽 句 句						

舊	예	구					
	臼 부의 12획						
	丶 艹 芢 萑 萑 舊 舊 舊						

求	구할	구					
	水 부의 2획						
	丁 寸 寸 才 求 求 求						

國	나라	국					
	口 부의 8획						
	丨 冂 同 同 國 國 國 國						

君	임금	군					
	口 부의 4획						
	コ ユ 寻 尹 君 君 君						

軍	군사 군						
	車 부의 2획						
	冖冖冖冖冖冒冒軍軍						
郡	고을 군						
	邑 부의 7획						
	丆丆丮尹君君郡郡						
弓	활 궁						
	弓 부의 0획						
	丆丆弓						
卷	책 권						
	卩 부의 6획						
	丶丷丷兰尹关秂卷						
權	권세 권						
	木 부의 18획						
	朾朾朾栖榑榵榵權						
勸	권할 권						
	力 부의 18획						
	艹艹艹萝萝萝萆勸勸						
貴	귀할 귀						
	貝 부의 5획						
	冂冂冃虫虫畫書貴貴						
歸	돌아올 귀						
	止 부의 14획						
	丆皀皀皀歸歸歸歸						
均	고를 균						
	土 부의 4획						
	一十土圴圴均均						
極	다할 극						
	木 부의 9획						
	十木朾柯極極極極						

近	가까울	근
	辶 부의 4획	
	' ' 彳 斤 斤 沂 沂 近	

勤	부지런할	근
	力 부의 11획	
	艹 艹 苩 革 堇 堇 勤 勤	

根	뿌리	근
	木 부의 6획	
	十 才 朾 柯 柯 桹 根 根	

金	쇠	금
	金 부의 0획	
	ノ 人 人 스 全 仐 仐 金 金	

今	이제	금
	人 부의 2획	
	ノ 人 스 今	

禁	금할	금
	示 부의 8획	
	十 木 杜 林 林 埜 埜 禁	

給	공급할	급
	糸 부의 6획	
	' 幺 糸 糸 紒 給 給 給	

及	미칠	급
	又 부의 2획	
	ノ 了 乃 及	

急	급할	급
	心 부의 5획	
	ノ ク ク 刍 刍 急 急 急	

記	기록할	기
	言 부의 3획	
	그 글 글 言 言 訂 記 記	

期	기약할 기					
	月 부의 8획					
	一 十 卄 卅 其 其 期 期					

期

基

氣

技

其

幾

己

起

旣

吉

기약할   **기**

月 부의 8획

一 十 卄 卅 其 其 期 期

터   **기**

土 부의 8획

一 十 卄 甘 其 其 基 基

기운   **기**

气 부의 6획

′ 一 气 气 氛 氛 氣 氣

재주   **기**

手 부의 4획

一 十 扌 扌 抃 技 技

그것   **기**

八 부의 6획

一 十 卄 卄 甘 甘 其 其

빌미   **기**

幺 부의 9획

幺 幺幺 幺幺 丝丝 丝 幾 幾

몸   **기**

己 부의 0획

フ コ 己

일어날   **기**

走 부의 3획

十 土 キ キ 走 走 起 起

이미   **기**

无 부의 7획

夕 白 自 自 自 既 旣 旣

길할   **길**

口 부의 3획

一 十 士 吉 吉 吉

15

따뜻할	난
日 부의 9획	
刀 日 旷 旷 旷 暖 暖 暖	

어려울	난
隹 부의 11획	
一 艹 苩 芏 美 輎 難 難	

남쪽	남
十 부의 7획	
一 十 广 丙 南 南 南 南	

사내	남
田 부의 2획	
丨 冂 四 甲 甲 男 男	

안	내
入 부의 2획	
丨 冂 内 内	

곧	내
丿 부의 1획	
丿 乃	

계집	녀
女 부의 0획	
乀 女 女	

해	년
干 부의 3획	
丿 ㅏ 仁 仨 生 年	

생각할	념
心 부의 4획	
丿 人 스 今 今 念 念 念	

성낼	노
心 부의 5획	
乀 女 女 如 奴 奴 怒 怒	

| 農 | 농사 | 농 |
| 辰 부의 6획 |
| 口 曲 曲 曲 農 農 農 農 |

| 能 | 능할 | 능 |
| 肉 부의 6획 |
| 厶 ㅏ 刍 刍 刍 能 能 能 |

| 多 | 많을 | 다 |
| 夕 부의 3획 |
| ノ ク タ タ 多 多 |

| 單 | 홑 | 단 |
| 口 부의 9획 |
| 口 吅 吅 胃 胃 胃 胃 單 |

| 短 | 짧을 | 단 |
| 矢 부의 7획 |
| ㅏ ㅏ 矢 矢 矩 短 短 短 |

| 端 | 단정할 | 단 |
| 立 부의 9획 |
| ㅗ 立 立 立 立 端 端 端 |

| 丹 | 붉을 | 단 |
| 丶 부의 3획 |
|) 刀 刀 丹 |

| 但 | 다만 | 단 |
| 人 부의 5획 |
| ノ イ 卩 但 但 但 |

| 達 | 통할 | 달 |
| 辶 부의 9획 |
| ㅗ 土 去 幸 幸 達 達 達 |

| 談 | 말씀 | 담 |
| 言 부의 8획 |
| 亠 言 言 言 言 談 談 談 |

答	**대답** 답					
	竹 부의 6획					
	⺮ ⺮⺮⺮⺮答答					
堂	**집** 당					
	土 부의 8획					
	ⅰⅰⅰⅱ 世世堂堂					
當	**당할** 당					
	田 부의 8획					
	ⅰⅰⅰ 世世當當當當					
大	**큰** 대					
	大 부의 0획					
	一ナ大					
對	**마주할** 대					
	寸 부의 11획					
	ⅰⅰⅰ业业业堂對對					
代	**대신할** 대					
	人 부의 3획					
	ノイ仁代代					
待	**기다릴** 대					
	彳 부의 6획					
	ノイ仁仁往待待待					
德	**큰** 덕					
	彳 부의 12획					
	彳彳彳徏徏德德德					
刀	**칼** 도					
	刀 부의 0획					
	フ刀					
到	**이를** 도					
	刀 부의 6획					
	一厶亼至至至到到					

度	법도	도
	广 부의 6획
	一 广 广 广 府 府 度 度

道	길	도
	辶 부의 9획
	丷 丷 芐 苩 首 首 道 道

島	섬	도
	山 부의 7획
	亻 宀 户 自 鳥 島 島 島

都	도읍	도
	邑 부의 9획
	十 土 耂 耂 者 者 都 都

圖	그림	도
	口 부의 11획
	冂 同 冋 局 局 圖 圖 圖

徒	무리	도
	彳 부의 7획
	彳 彳 彳 徍 徔 徔 徒 徒

讀	읽을	독
	言 부의 15획
	讠 言 計 評 譮 讀 讀 讀

獨	홀로	독
	犬 부의 13획
	犭 犭 犭 狎 狎 狎 獨 獨

同	한가지	동
	口 부의 3획
	丨 冂 冂 同 同 同

洞	마을	동
	水 부의 6획
	氵 氵 沪 沪 洞 洞 洞 洞

童	아이 동	
	立 부의 7획	
	亠 亠 立 产 音 咅 童 童	

冬	겨울 동	
	冫 부의 3획	
	丿 勹 夂 冬 冬	

東	동녘 동	
	木 부의 4획	
	一 厂 冃 冃 百 审 束 東	

動	움직일 동	
	力 부의 9획	
	亠 斤 育 重 重 重 動 動	

斗	말 두	
	斗 부의 0획	
	丶 冫 二 斗	

豆	콩 두	
	豆 부의 0획	
	一 厂 冃 日 戸 豆 豆	

頭	머리 두	
	頁 부의 7획	
	一 日 日 豆 豇 頭 頭 頭	

得	얻을 득	
	彳 부의 8획	
	彳 彳 彳 彳 得 得 得	

等	등급 등	
	竹 부의 6획	
	亠 亠 竹 竹 竺 笁 等 等	

登	오를 등	
	癶 부의 7획	
	丿 癶 癶 癶 癶 登 登 登	

燈	등불	등
	火 부의 12획
	火 灯 灯 灯 灯 灯 燈 燈

落	떨어질	락
	艸 부의 9획
	艹 芒 艾 芗 莎 苃 落 落

樂	즐거울 락	풍악 악
	木 부의 11획
	白 伯 伯 继 樂 樂 樂 樂

卵	알	란
	卩 부의 5획
	丶 丿 丘 白 的 卵 卵

浪	물결	랑
	水 부의 7획
	氵 氵 浐 浐 泊 浪 浪 浪

郎	남편	랑
	邑 부의 7획
	丶 ㇈ ㇈ 良 良 良 郎 郎

來	올	래
	人 부의 6획
	一 丆 朿 朿 朿 來 來 來

冷	찰	랭
	冫 부의 5획
	丶 冫 冫 冷 冷 冷 冷

良	어질	량
	艮 부의 1획
	丶 ㇈ ㇈ 良 良 良 良

雨	두	량
	入 부의 6획
	一 丆 丙 而 雨 雨 雨 雨

量	**헤아릴** 량					
	里 부의 5획					
	口日旦早昌昌量量					

涼	**서늘할** 량					
	水 부의 8획					
	氵氵氵沪沪涼涼涼					

旅	**나그네** 려					
	方 부의 6획					
	亠亣方方扩扩旅旅旅					

力	**힘** 력					
	力 부의 0획					
	フ力					

歷	**지낼** 력					
	止 부의 12획					
	一厂厈厤麻麻歷歷					

連	**이을** 련					
	辶 부의 7획					
	一亓百亘車車連連					

練	**익힐** 련					
	糸 부의 9획					
	纟糸糹紒紒絧紳練					

列	**벌일** 렬					
	刀 부의 4획					
	一丆歹歹列列					

烈	**매울** 렬					
	火 부의 6획					
	一丆歹歹列列列烈					

令	**하여금** 령					
	人 부의 3획					
	丿人亽今令					

領	**거느릴** 령					
	頁 부의 5획					
	亽 今 令 令 領 領 領 領					
例	**법식** 례					
	人 부의 6획					
	ノ イ ド ド 佗 例 例					
禮	**예도** 례					
	示 부의 13획					
	干 示 示 礼 禮 禮 禮 禮					
路	**길** 로					
	足 부의 6획					
	𧾷 𧾷 𧾷 𧾷 路 路 路 路					
老	**늙을** 로					
	老 부의 0획					
	一 十 土 耂 耂 老					
勞	**일할** 로					
	力 부의 10획					
	丷 丷 丷 炏 炏 𤇾 勞 勞					
露	**이슬** 로					
	雨 부의 12획					
	宀 雨 雨 雱 雫 雫 露 露					
綠	**푸를** 록					
	糸 부의 8획					
	幺 糸 糸 紀 紀 綠 綠 綠					
論	**의논할** 론					
	言 부의 8획					
	亠 三 言 訡 訡 論 論 論					
料	**헤아릴** 료					
	斗 부의 6획					
	丷 丷 半 米 米 米 料 料					

柳	버들	류					
	木 부의 5획						
	一 十 才 术 杠 枛 枛 柳						

留	머무를	류					
	田 부의 5획						
	乙 午 午 卬 卬 刡 留 留						

流	흐를	류					
	水 부의 7획						
	氵 氵 浐 沽 浐 浐 流 流						

六	여섯	륙					
	八 부의 2획						
	丶 亠 六 六						

陸	육지, 뭍	륙					
	阜 부의 8획						
	阝 阝 阼 陆 陆 陆 陸 陸						

倫	인륜	륜					
	人 부의 8획						
	亻 伀 伀 伀 佮 佮 倫 倫						

律	법률	률					
	彳 부의 6획						
	彳 彳 彳 律 律 律 律 律						

里	마을	리					
	里 부의 0획						
	丨 口 曰 里 甲 里						

理	다스릴	리					
	玉 부의 7획						
	丁 王 珇 珇 珇 珇 理 理						

利	이로울	리					
	刀 부의 5획						
	丿 二 千 禾 禾 利 利						

李	오얏 리					
	木 부의 3획					
	一 十 オ 大 木 李 李					
林	수풀 림					
	木 부의 4획					
	一 十 オ 木 木 村 材 林					
立	설 립					
	立 부의 0획					
	丶 亠 十 立 立					
馬	말 마					
	馬 부의 0획					
	丨 厂 厂 厈 馬 馬 馬 馬					
莫	없을 막					
	艹 부의 7획					
	丶 十 艹 芦 苩 莒 莫 莫					
萬	일만 만					
	艹 부의 9획					
	艹 艹 苩 苩 萬 萬 萬 萬					
滿	찰 만					
	水 부의 11획					
	氵 氵 汁 汁 沽 滿 滿 滿					
晚	늦을 만					
	日 부의 7획					
	刂 日 日 日 昭 昭 晚 晚					
末	끝 말					
	木 부의 1획					
	一 二 キ 才 末					
望	바랄 망					
	月 부의 7획					
	丶 亡 切 坥 望 望 望 望					

亡	망할 망					
	亠 부의 1획					
	、亠亡					

忙	바쁠 망					
	心 부의 3획					
	、、忄忄忙忙					

忘	잊을 망					
	心 부의 3획					
	、亠亡亡忘忘忘					

每	늘 매					
	毋 부의 3획					
	丿丿乞乞每每每					

買	살 매					
	貝 부의 5획					
	冂罒罒罒買買買買					

賣	팔 매					
	貝 부의 8획					
	十士声声声壴賣賣					

妹	손아래누이 매					
	女 부의 5획					
	乚𡿨女女妏妹妹妹					

麥	보리 맥					
	麥 부의 0획					
	一丆𠂤來夾夾麥麥					

免	면할 면					
	儿 부의 5획					
	丆刀刀召吊免免					

勉	힘쓸 면					
	力 부의 7획					
	丿刀召吊免兔勉					

26

面	**얼굴**	**면**
眠	面 부의 0획	
	一 丁 丙 丙 而 而 面 面	
名	**잘**	**면**
	目 부의 5획	
	刀 刀 目 目 町 眠 眠 眠	
命	**이름**	**명**
	口 부의 3획	
	丿 ク タ タ 名 名	
明	**목숨**	**명**
	口 부의 5획	
	丿 人 스 스 合 合 命 命	
鳴	**밝을**	**명**
	日 부의 4획	
	丨 刀 月 日 町 明 明 明	
母	**울**	**명**
	鳥 부의 3획	
	丬 口 叮 叮 咿 咿 鳴 鳴	
毛	**어미**	**모**
	母 부의 1획	
	乚 乜 趸 母 母	
暮	**털**	**모**
	毛 부의 0획	
	丿 二 三 毛	
木	**저물**	**모**
	日 부의 11획	
	丶 艹 节 苩 草 莫 幕 暮	
	나무	**목**
	木 부의 0획	
	一 十 才 木	

눈　　　목

目 부의 0획

丨 冂 闩 月 目

토끼　　　묘

卩 부의 3획

丶 𠃊 卬 卯 卯

묘할　　　묘

女 부의 4획

𠃊 𠄌 女 刦 妠 妙 妙

군사　　　무

止 부의 4획

一 二 干 千 正 武 武

힘쓸　　　무

力 부의 9획

𠃌 𠄌 矛 矛 孜 孜 務 務

없을　　　무

火 부의 8획

丿 亠 二 与 無 無 無 無

다섯째천간　무

戈 부의 1획

丿 厂 代 戊 戊

우거질　　　무

艸 부의 5획

丶 十 卄 芍 芦 茂 茂

춤출　　　무

舛 부의 8획

亡 二 無 舞 舞 舞 舞 舞

먹　　　묵

土 부의 12획

丶 冂 四 甲 里 黑 墨 墨

門	문	문
問	물을	문
聞	들을	문
文	글월	문
物	만물	물
勿	말	물
米	쌀	미
未	아닐	미
味	맛	미
美	아름다울	미

門 부의 0획
ㅣ ㅏ ㅏ ㅏ ㅏ 月 門 門

口 부의 8획
ㅣ ㅏ ㅏ ㅏ 門 門 問 問

耳 부의 8획
ㅣ ㅏ ㅏ 門 門 門 聞 聞

文 부의 0획
丶 亠 ナ 文

牛 부의 4획
丿 亠 ㅗ 牛 牛 物 物 物

勹 부의 2획
丿 勹 勹 勿

米 부의 0획
丶 丷 丷 二 半 米 米

木 부의 1획
一 二 キ 未 未

口 부의 5획
ㅣ 冂 口 口 叮 吀 味 味

羊 부의 3획
丶 丷 丷 ㅗ ㅗ 羊 美 美 美

29

尾	꼬리	미
	尸 부의 4획	
	フ コ ア 尸 屋 屋 尾	

民	백성	민
	氏 부의 1획	
	フ コ ア 足 民	

密	빽빽할	밀
	宀 부의 8획	
	宀 宀 宓 宓 宓 宓 密 密	

朴	순박할	박
	木 부의 2획	
	一 十 才 木 朴 朴	

反	돌이킬	반
	又 부의 2획	
	一 厂 反 反	

飯	밥	반
	食 부의 4획	
	스 스 宁 自 自 飣 飯 飯	

半	절반	반
	十 부의 3획	
	丶 丷 半 半 半	

發	필	발
	癶 부의 7획	
	ユ ヌ 癶 癶 癶 發 發 發	

方	방위	방
	方 부의 0획	
	丶 亠 方 方	

放	놓을	방
	攴(攵)부의 4획	
	丶 亠 方 方 方 扩 放 放	

訪	찾을	방				
	言 부의 4획					
	` ㄱ ㅎ 言 言 訪 訪 訪					

房	방	방				
	戶 부의 4획					
	` ㄱ �尸 尸 戶 戶 房 房					

防	막을	방				
	阜 부의 4획					
	` ㄱ ㅏ 阝 阝 阞 防 防					

拜	절	배				
	手 부의 5획					
	` ㅡ 三 手 ㅕ 拜 拜 拜					

杯	잔	배				
	木 부의 4획					
	` ㅓ ㅓ 木 朽 杯 杯 杯					

白	흰	백				
	白 부의 0획					
	` ㄥ 白 白 白					

百	일백	백				
	白 부의 1획					
	ㅡ ㄤ ㄤ 百 百 百					

番	차례	번				
	田 부의 7획					
	` ㄥ ㄥ ㄤ 米 番 番 番					

伐	칠	벌				
	人 부의 4획					
	` ㅓ 仁 代 伐 伐					

凡	무릇	범				
	几 부의 1획					
	ㅣ 几 凡					

法	법　　　법				
	水 부의 5획				
	丶丶氵汒汢法法法				

變	변할　　변				
	言 부의 16획				
	言 結 結 結 綜 綜 變 變				

別	나눌　　별				
	刀 부의 5획				
	丶冖冖号另別別				

病	병들　　병				
	疒 부의 5획				
	亠广广疒疒病病病				

兵	군사　　병				
	八 부의 5획				
	丶丨丘丘兵兵				

丙	셋째천간　병				
	一 부의 4획				
	一丆丙丙丙				

保	보전할　보				
	人 부의 7획				
	亻亻伊伊保保保				

步	걸음　　보				
	止 부의 3획				
	丨卜止止步步步				

報	갚을　　보				
	土 부의 9획				
	土吉查幸虿'報報				

福	복　　　복				
	示 부의 9획				
	千示礻祁祀福福福				

服	옷 복 — 月 부의 4획			
復	다시 부 거듭 복 — 彳 부의 9획			
伏	엎드릴 복 — 人 부의 4획			
本	근본 본 — 木 부의 1획			
奉	받들 봉 — 大 부의 5획			
逢	만날 봉 — 辶 부의 7획			
夫	지아비 부 — 大 부의 1획			
父	아비 부 — 父 부의 0획			
富	부자 부 — 宀 부의 9획			
婦	지어미 부 — 女 부의 8획			

扶	도울	부
	手 부의 4획	
	一 ナ 扌 扌 扦 抙 扶	

部	나눌	부
	邑 부의 8획	
	` 亠 亠 立 音 音 部 部	

否	아닐	부
	口 부의 4획	
	一 ア 不 不 否 否	

浮	뜰	부
	水 부의 7획	
	氵 氵 浮 浮 浮 浮 浮 浮	

北	북녘 북 달아날 배
	匕 부의 3획
	一 十 北 北 北

分	나눌	분
	刀 부의 2획	
	ノ 八 分 分	

不	아니	불
	一 부의 3획	
	一 ア 不 不	

佛	부처	불
	人 부의 5획	
	ノ 亻 亻 佛 佛 佛	

朋	벗	붕
	月 부의 4획	
	) 月 月 月 朋 朋 朋	

比	견줄	비
	比 부의 0획	
	一 ヒ 上 比	

非	아닐	비
	非 부의 0획	
	ノ 刂 刂 韭 非 非 非	

悲	슬플	비
	心 부의 8획	
	ノ 刂 刂 韭 非 非 悲 悲	

飛	날	비
	飛 부의 0획	
	乀 乀 飞 飞 飞 飞 飛 飛	

鼻	코	비
	鼻 부의 0획	
	冂 冎 白 鼻 鼻 畠 畠 鼻	

備	갖출	비
	人 부의 10획	
	亻 亻 伒 供 供 俻 備 備	

貧	가난할	빈
	貝 부의 4획	
	ノ 八 今 分 分 咎 貧 貧	

氷	얼음	빙
	水 부의 1획	
	]] 礻 氷 氷	

四	넉	사
	口 부의 2획	
	丨 冂 冂 四 四	

士	선비	사
	士 부의 0획	
	一 十 士	

史	역사	사
	口 부의 2획	
	丨 冂 口 史 史	

師	**스승** 사				
	巾 부의 7획				
	´ ´ ´ ´ ´ 自 自 師 師				
死	**죽을** 사				
	歹 부의 2획				
	一 ㄏ 歹 歹 死 死				
思	**생각할** 사				
	心 부의 5획				
	丨 冂 田 田 思 思 思				
事	**일** 사				
	亅 부의 7획				
	一 ㄱ 日 日 宣 写 写 事				
仕	**벼슬할** 사				
	人 부의 3획				
	ノ ィ 仁 什 仕				
射	**쏠** 사				
	寸 부의 7획				
	´ ´ ´ 自 身 身 射 射				
謝	**사례할** 사				
	言 부의 10획				
	ㅑ 言 訁 訏 訽 謝 謝 謝				
使	**부릴** 사				
	人 부의 6획				
	ノ ィ 亻 仁 佢 佢 使 使				
舍	**집** 사				
	舌 부의 2획				
	ノ 人 へ 슴 슴 슌 슌 舍 舍				
巳	**뱀** 사				
	己 부의 0획				
	ㄱ ㄱ 巳				

寺

절 사

寸 부의 3획

一 十 土 圭 寺 寺

私

사사로울 사

禾 부의 2획

一 二 千 禾 禾 私 私

絲

실 사

糸 부의 6획

𠂉 幺 幺 糸 糸 糸 絲 絲

山

메 산

山 부의 0획

丨 山 山

産

낳을 산

生 부의 6획

亠 文 产 产 产 産 産 産

散

흩어질 산

攴(攵) 부의 8획

一 艹 廾 昔 昔 散 散 散

算

셈할 산

竹 부의 8획

𠂉 𠂉 竹 竹 竹 笪 笪 算

殺

죽일 살 덜 쇄

殳 부의 7획

乂 㐅 杀 杀 杀 杀 殺 殺

三

석 삼

一 부의 2획

一 二 三

上

위 상

一 부의 2획

丨 卜 上

높일	상

小 부의 5획

丿 ㇏ ㇏ ㇏ ㇏ 尙 尙 尙

떳떳할	상

巾 부의 8획

丿 ㇏ ㇏ ㄴ 常 常 常 常

상줄	상

貝 부의 8획

丿 ㄴ 尙 尙 尙 常 當 賞

장사	상

口 부의 8획

丶 ㅗ 立 产 产 商 商 商

서로	상

目 부의 4획

一 十 ㅓ 木 朴 机 相 相

서리	상

雨 부의 9획

一 干 干 雨 雨 霜 霜 霜

생각할	상

心 부의 9획

十 ㅓ 木 相 相 相 想 想

상할	상

人 부의 11획

亻 亻 ㅐ 倌 倌 傷 傷 傷

잃을	상

口 부의 9획

一 ㅁ ㅁ 雨 亜 亜 喪 喪

빛	색

色 부의 0획

丿 ㇏ ㇏ ㇟ ㇟ 色

生	날 생					
	生 부의 0획					
	ノ ト ヒ 牛 生					
西	서녘 서					
	西 부의 0획					
	一 丆 冂 丙 西 西					
序	차례 서					
	广 부의 4획					
	丶 亠 广 庁 序 序					
書	글 서					
	曰 부의 6획					
	一 ラ ヨ ヨ 聿 聿 書 書					
署	관청 서					
	罒 부의 9획					
	冂 罒 罒 甲 罘 罘 署 署					
石	돌 석					
	石 부의 0획					
	一 丆 石 石 石					
夕	저녁 석					
	夕 부의 0획					
	ノ ク 夕					
昔	예 석					
	日 부의 4획					
	一 十 廿 世 芦 昔 昔					
惜	가엾을 석					
	心 부의 8획					
	丶 忄 忄 忕 惜 惜 惜					
席	자리 석					
	巾 부의 7획					
	丶 亠 广 庐 庐 度 席 席					

先 먼저 선

儿 부의 4획

線 줄 선

糸 부의 9획

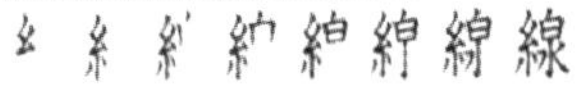

善 착할 선

口 부의 9획

選 뽑을 선

辶 부의 12획

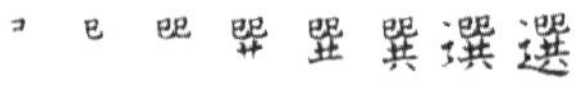

鮮 고울 선

魚 부의 6획

船 배 선

舟 부의 5획

仙 신선 선

人 부의 3획

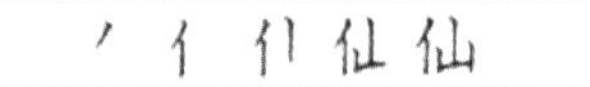

舌 혀 설

舌 부의 0획

雪 눈 설

雨 부의 3획

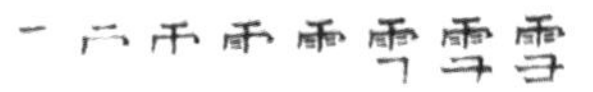

說 말씀 설

言 부의 7획

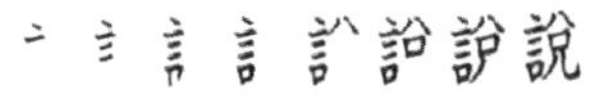

設	베풀 설					
	言 부의 4획					
	ㄹ 言 言 訁 訒 設 設					
姓	성씨 성					
	女 부의 5획					
	ㄥ 女 女 妒 妒 姓 姓					
性	성품 성					
	心 부의 5획					
	ㆍㆍ 忄 忄 忄 性 性					
成	이룰 성					
	戈 부의 3획					
	丿 厂 厅 成 成 成 成					
城	재 성					
	土 부의 7획					
	一 士 圹 圹 圻 城 城 城					
誠	정성 성					
	言 부의 7획					
	ㄹ 言 訁 訂 訢 訴 誠 誠					
盛	성할 성					
	皿 부의 7획					
	丿 厂 厅 成 成 成 盛 盛					
省	살필 성 덜 생					
	目 부의 4획					
	丿 丶 小 少 少 省 省 省					
星	별 성					
	日 부의 5획					
	冂 冖 日 旦 旦 星 星 星					
聖	성인 성					
	耳 부의 7획					
	厂 耳 耳 耵 耵 聖 聖 聖					

聲	소리 성					
	耳 부의 11획					
	土 青 吉 吉 殸 殸 聲 聲					
世	인간 세					
	一 부의 4획					
	一 十 卅 卅 世					
洗	씻을 세					
	水 부의 6획					
	冫 冫 氵 汘 汁 洗 洗 洗					
稅	세금 세					
	禾 부의 7획					
	二 千 才 禾 禾 秒 秒 稅					
細	가늘 세					
	糸 부의 5획					
	ㄑ 幺 糸 糸 糽 細 細 細					
勢	권세 세					
	力 부의 11획					
	土 夫 坴 刲 執 執 勢 勢					
歲	해 세					
	止 부의 9획					
	ㅏ 屵 广 产 岸 岸 歲 歲					
小	작을 소					
	小 부의 0획					
	ㅣ 小 小					
少	적을 소					
	小 부의 1획					
	ㅣ 小 小 少					
所	바 소					
	戶 부의 4획					
	ˊ ｆ ｆ 月 戶 所 所 所					

| 消 | 사라질 | 소 |
| 水 부의 7획 |
| 氵 氵 氵 氵 氵 消 消 消 |

| 素 | 바탕 | 소 |
| 糸 부의 4획 |
| 一 十 丰 生 丰 素 素 素 |

| 笑 | 웃음 | 소 |
| 竹 부의 4획 |
| ノ 人 竹 竹 竹 笠 笋 笑 |

| 俗 | 풍속 | 속 |
| 人 부의 7획 |
| 亻 亻 亻 俗 俗 俗 俗 俗 |

| 速 | 빠를 | 속 |
| 辶 부의 7획 |
| 一 戸 戸 申 束 涑 涑 速 |

| 續 | 이을 | 속 |
| 糸 부의 15획 |
| 纟 糸 紵 繒 繥 繒 繥 續 |

| 孫 | 손자 | 손 |
| 子 부의 7획 |
| 了 孑 孑 孖 孫 孫 孫 孫 |

| 松 | 소나무 | 송 |
| 木 부의 4획 |
| 一 十 才 木 朴 松 松 松 |

| 送 | 보낼 | 송 |
| 辶 부의 6획 |
| ノ 八 伞 伞 关 关 送 送 |

| 水 | 물 | 수 |
| 水 부의 0획 |
| 」 기 가 水 |

手	손	수
手 부의 0획		
ノ 二 三 手		

受	받을	수
又 부의 6획		
⺈ ⺈ ⺈ ⺈ ⺈ 受 受		

授	줄	수
手 부의 8획		
扌 扌 扩 扩 护 授 授		

首	머리	수
首 부의 0획		
丷 丷 丷 首 首 首 首		

守	지킬	수
宀 부의 3획		
丶 宀 宀 守 守		

收	거둘	수
攴(攵) 부의 2획		
丨 丩 屮 收 收		

數	셈할	수
攴(攵) 부의 11획		
口 田 婁 婁 婁 數 數		

誰	누구	수
言 부의 8획		
言 言 計 計 許 誰 誰		

須	모름지기	수
頁 부의 3획		
彡 彡 須 須 須 須 須		

雖	비록	수
隹 부의 9획		
口 吊 虽 蚤 雖 雖 雖		

愁	근심	수
	心 부의 9획	
	ー 干 禾 和 秒 秋 秋 愁 愁	

樹	나무	수
	木 부의 12획	
	十 木 杧 棤 桔 桔 樹 樹	

壽	목숨	수
	士 부의 11획	
	十 士 吉 吉 吉 壽 壽	

修	닦을	수
	人 부의 8획	
	ｲ ｲ ｲ ｲ ｲｳ 伩 修 修	

秀	빼어날	수
	禾 부의 2획	
	一 二 千 禾 禾 禾 秀	

叔	아재비	숙
	又 부의 6획	
	｜ 上 上 ㌻ ㌾ 未 叔 叔	

淑	맑을	숙
	水 부의 8획	
	㇐ ㇐ 汁 沫 沫 淑 淑	

宿	잘	숙
	宀 부의 8획	
	宀 宀 宀 宀 宿 宿 宿 宿	

順	순할	순
	頁 부의 3획	
	｜ 川 川 川 順 順 順	

純	순수할	순
	糸 부의 4획	
	幺 幺 糸 糸 紅 純 純	

열한째지지	술
戈 부의 2획	
丿 厂 厂 戊 戌 戌	

공경할	숭
山 부의 8획	
丷 屵 屵 屵 屵 崇	

익힐	습
羽 부의 5획	
丿 习 羽 羽 羽 羽 習 習	

주울	습
手 부의 6획	
扌 扌 扌 扴 捨 拾 拾	

이길	승
力 부의 10획	
刀 月 朋 胖 胖 朕 勝 勝	

탈	승
丿 부의 9획	
一 二 千 千 千 乖 乖 乘	

이을	승
手 부의 4획	
了 了 子 手 手 承 承 承	

저자	시
巾 부의 2획	
亠 广 方 市	

보일	시
示 부의 0획	
一 二 亍 示 示	

곧을	시
日 부의 5획	
冂 日 日 旦 早 早 是 是	

時	때	시
	日 부의 6획	
	｜ 冂 日 旷 旷 旷 時 時	

詩	글귀	시
	言 부의 6획	
	㇐ ㇒ 言 計 計 詩 詩 詩	

視	볼	시
	見 부의 5획	
	㇐ 示 利 利 祖 視 視	

施	베풀	시
	方 부의 5획	
	㇒ ㇒ 方 方 扩 扩 施 施	

試	시험할	시
	言 부의 6획	
	㇐ ㇒ 言 言 計 試 試 試	

始	처음	시
	女 부의 5획	
	㇑ ㇂ 女 女 奻 始 始 始	

氏	성	씨
	氏 부의 0획	
	㇒ ㇏ ㇟ 氏	

食	밥	식
	食 부의 0획	
	㇒ ㇏ 今 今 今 食 食 食	

植	심을	식
	木 부의 8획	
	㇑ 才 术 杧 枯 枯 植 植	

識	알 식 기록할 지	
	言 부의 12획	
	㇒ 言 言 計 許 語 識 識 識	

式 身 申 神 臣 信 新 辛 失 室

법	식
弋 부의 3획

一 二 于 式 式

몸	신
身 부의 0획

丿 亻 竹 竹 自 身 身

펼	신
田 부의 0획

丨 冂 曰 曰 申

귀신	신
示 부의 5획

二 亍 示 利 和 和 神

신하	신
臣 부의 0획

一 丅 臣 臣 臣 臣

믿을	신
人 부의 7획

亻 亻 厂 信 信 信 信

새로울	신
斤 부의 9획

丶 亠 立 辛 来 新 新 新

매울	신
辛 부의 0획

丶 亠 亠 立 立 辛

잃을	실
大 부의 2획

丿 二 牛 失

집	실
宀 부의 6획

丶 宀 宀 宝 宝 室 室

漢字	뜻·음	부수·획수	필순				
實	열매 실	宀 부의 11획	宀 宁 宁 宙 宙 實 實 實				
心	마음 심	心 부의 0획	ノ 心 心 心				
深	깊을 심	水 부의 8획	氵 汀 汀 汈 泙 泙 深 深				
甚	더욱 심	甘 부의 4획	一 卄 卄 甘 其 其 其 甚				
十	열 십	十 부의 0획	一 十				
兒	아이 아	儿 부의 6획	ノ イ イ 竹 竹 臼 臼 兒				
我	나 아	戈 부의 3획	ノ 二 千 手 我 我 我				
惡	악할 악	心 부의 8획	一 一 百 西 西 亞 惡 惡				
安	편안할 안	宀 부의 3획	ノ 宀 宀 宀 安 安				
案	안석, 책상 안	木 부의 6획	宀 宁 安 安 安 室 案 案				

49

顔	얼굴	안					
	頁 부의 9획						
	亠 立 立 产 彦 彦 顔 顔						

眼	눈	안					
	目 부의 6획						
	刀 冂 目 目 目 盯 眍 眼 眼						

暗	어두울	암					
	日 부의 9획						
	刀 日 日 昨 昨 晤 晤 暗 暗						

巖	바위	암					
	山 부의 20획						
	严 严 产 岸 巖 巖 巖 巖						

仰	우러를	앙					
	人 부의 4획						
	丿 亻 亻 伫 仰 仰						

愛	사랑	애					
	心 부의 9획						
	丿 爫 严 应 应 受 爱 愛						

哀	슬플	애					
	口 부의 6획						
	丶 亠 古 古 声 声 京 哀						

夜	밤	야					
	夕 부의 5획						
	丶 亠 广 广 疒 夜 夜 夜						

野	들	야					
	里 부의 4획						
	丨 口 日 甲 里 野 野 野						

也	어조사	야					
	乙 부의 2획						
	丁 力 也						

弱

| 약할 | | 약 |
| 弓 부의 7획 |
| ⁊ ⁊ ⁊ ⁊ ⁊ ⁊ 弱 弱 |

約

| 맺을 | | 약 |
| 糸 부의 3획 |
| ⟨ ⟨ ⟨ ⟨ 糸 糸 約 約 |

藥

| 약 | | 약 |
| 艸 부의 15획 |
| ⟨ ⟨ 若 若 苗 藥 藥 藥 |

若

| 같을 | | 약 |
| 艸 부의 5획 |
| ⟨ ⟨ ⟨ ⟨ 艹 艹 若 若 |

羊

| 양 | | 양 |
| 羊 부의 0획 |
| ⟨ ⟨ ⟨ 兰 羊 羊 |

洋

| 큰바다 | | 양 |
| 水 부의 6획 |
| ⟨ ⟨ ⟨ ⟨ 洋 洋 洋 洋 |

養

| 기를 | | 양 |
| 食 부의 6획 |
| 羊 羊 羊 羔 美 羞 養 養 |

陽

| 볕 | | 양 |
| 阜 부의 9획 |
| ⟨ ⟨ ⟨ 阡 阻 陽 陽 陽 |

讓

| 사양할 | | 양 |
| 言 부의 17획 |
| 言 訁 謨 謨 譁 譲 譲 讓 |

揚

| 오를 | | 양 |
| 手 부의 9획 |
| 扌 扌 扩 押 捍 押 揚 揚 |

魚	물고기	어					
漁	魚 부의 0획						
	ノ ク 夲 夲 角 角 魚 魚						

	어부	어					
	水 부의 11획						
	氵 氵 汁 汨 油 海 漁 漁						

語	말씀	어					
	言 부의 7획						
	亠 宀 言 訂 訝 語 語 語						

於	어조사	어					
	方 부의 4획						
	丶 亠 方 方 扩 扑 於 於						

憶	생각할	억					
	心 부의 13획						
	忄 忄 忄 忄 忄 悰 憶 憶						

億	억	억					
	人 부의 13획						
	亻 亻 伫 佇 億 億 億						

言	말씀	언					
	言 부의 0획						
	丶 亠 亖 言 言 言 言						

嚴	엄할	엄					
	口 부의 17획						
	丷 吅 严 严 嚴 嚴 嚴						

業	업	업					
	木 부의 9획						
	丷 丷 业 业 业 丵 業 業						

餘	남을	여					
	食 부의 7획						
	人 食 食 食 餘 餘 餘 餘						

與	더불어 여					
	臼 부의 7획					
	ｆ ｆ ｆ ㄸ 竡 軩 與 與					

余	나 여					
	人 부의 5획					
	ノ 人 人 余 余 余 余					

汝	너 여					
	水 부의 3획					
	⸱ ⸱⸱ 氵 氵 汝 汝					

如	같을 여					
	女 부의 3획					
	く 女 女 如 如 如					

易	바꿀 역 쉬울 이					
	日 부의 4획					
	١ ㄇ 日 日 月 易 易					

逆	거스를 역					
	辶 부의 6획					
	⸱ ⸍ ⸏ 屰 屰 逆 逆 逆					

亦	또 역					
	亠 부의 4획					
	⸍ 亠 ナ 亣 亣 亦					

然	그럴 연					
	火 부의 8획					
	ノ ク タ 夕 然 然 然 然					

煙	연기 연					
	火 부의 9획					
	⸱ ⸲ 火 灯 炉 煙 煙 煙					

研	갈, 궁구할 연					
	石 부의 6획					
	丆 石 石 石 砑 砑 砑 研					

熱	더울 열					
	火 부의 11획					
	十 土 夫 坴 刲 刲 埶 埶 熱					
悅	기쁠 열					
	心 부의 7획					
	' ｜ ｜ ｜' ｜' 恆 悋 悅					
炎	불꽃 염					
	火 부의 4획					
	' ' ' 少 火 火 炏 炎					
葉	잎 엽					
	艸 부의 9획					
	' ' 艹 艹 萨 葉 葉 葉					
永	길 영					
	水 부의 1획					
	' j 疒 永 永					
英	꽃부리 영					
	艸 부의 5획					
	' ' 艹 芍 茊 英 英					
迎	맞을 영					
	辵 부의 4획					
	' ｎ 卬 卬 卬 迎 迎					
榮	영화 영					
	木 부의 10획					
	' ' 灬 燃 燃 燃 榮 榮					
藝	재주 예					
	艸 부의 15획					
	' 一 芸 芸 薪 藝 藝 藝					
五	다섯 오					
	二 부의 2획					
	一 丁 五 五					

午	낮	오
	十 부의 2획	
	ノ 2 2 午	

吾	나	오
	口 부의 4획	
	一 T 五 五 吾 吾 吾	

悟	깨달을	오
	心 부의 7획	
	' 忄 忄 忆 忻 悟 悟 悟	

誤	그르칠	오
	言 부의 7획	
	言 言 言 訳 訳 誤 誤 誤	

烏	까마귀	오
	火 부의 6획	
	' 宀 宀 宀 戶 烏 烏 烏	

玉	구슬	옥
	玉 부의 0획	
	一 T F 王 玉	

屋	집	옥
	尸 부의 6획	
	一 コ 尸 尸 层 屋 屋 屋	

溫	따뜻할	온
	水 부의 10획	
	氵 沪 沪 泗 泗 温 温 温	

瓦	기와	와
	瓦 부의 0획	
	一 T 瓦 瓦 瓦	

臥	누울	와
	臣 부의 2획	
	一 T 手 手 臣 臥 臥	

완전할　　완

宀 부의 4획

丶丶宀宁宇完完

말할　　왈

日 부의 0획

丨冂日日

임금　　왕

玉 부의 0획

一丁干王

갈　　왕

彳 부의 5획

丶丿彳彳彳徉徉往

바깥　　외

夕 부의 2획

丿夕夕夘外

중요할　　요

襾 부의 3획

一厂冂襾襾襾要要

욕심　　욕

欠 부의 7획

丷夕夕谷谷谷欲欲欲

목욕할　　욕

水 부의 7획

丶丷氵氵浴浴浴浴

쓸　　용

用 부의 0획

丨冂月月用

날랠　　용

力 부의 7획

丶マ丂丏丙甬勇勇

容	얼굴　　　용					
	宀 부의 7획					
	丶宀宁宁宍宍容容容					
宇	집　　　우					
	宀 부의 3획					
	丶丶宀宁宇宇					
右	오른쪽　　　우					
	口 부의 2획					
	丿ナ大右右					
牛	소　　　우					
	牛 부의 0획					
	丿𠂊二牛					
友	벗　　　우					
	又 부의 2획					
	一ナ方友					
雨	비　　　우					
	雨 부의 0획					
	一亅冂雨雨雨雨雨					
于	어조사　　　우					
	二 부의 1획					
	一二于					
憂	근심　　　우					
	心 부의 11획					
	一丆百頁悳惪夒憂					
又	또　　　우					
	又 부의 0획					
	フ又					
尤	더욱　　　우					
	尤 부의 1획					
	一ナ尢尤					

57

遇

만날	우

辶 부의 9획

冂 日 咼 咼 咼 咼 遇 遇

雲

구름	운

雨 부의 4획

一 戶 币 帀 雫 雫 雲 雲

運

움직일	운

辶 부의 9획

一 冂 盲 盲 軍 軍 運 運

云

이를, 말할	운

二 부의 2획

一 二 云 云

雄

수컷	웅

隹 부의 4획

一 ナ 玄 玄 於 於 於 雄

元

으뜸	원

儿 부의 2획

一 二 亍 元

原

근원	원

厂 부의 8획

一 厂 厅 厉 盾 原 原 原

遠

멀	원

辶 부의 10획

土 吉 吉 吉 幸 袁 遠 遠

園

동산	원

口 부의 10획

丨 冂 闬 周 周 園 園 園

願

원할	원

頁 부의 10획

一 厂 盾 原 原 原 願 願

怨	**원망** 원
	心 부의 5획
	' ク タ タ 夗 夗 怨 怨 怨

圓	**둥글** 원
	口 부의 10획
	l 冂 冃 冃 門 門 圓 圓 圓

月	**달** 월
	月 부의 0획
	) 刀 月 月

位	**벼슬** 위
	人 부의 5획
	ノ イ イ 伫 伫 位 位

危	**위태할** 위
	卩 부의 4획
	ノ ク ヶ 产 危 危

爲	**할** 위
	爪 부의 8획
	ノ 爫 爫 尸 尸 爲 爲 爲

偉	**클** 위
	人 부의 9획
	イ イ 仁 伫 借 偉 偉 偉

威	**위엄** 위
	女 부의 6획
	) 厂 厊 厈 厈 威 威 威

由	**까닭** 유
	田 부의 0획
	l 冂 冉 由 由

油	**기름** 유
	水 부의 5획
	' ' ' ' ' 汩 油 油 油

酉	닭	유
有	酉 부의 0획
	一 丁 丙 丙 丙 酉 酉
有	있을	유
	月 부의 2획
	ノ ナ 九 有 有 有
猶	오히려	유
	犬 부의 9획
	丿 犭 犭 犳 犳 猶 猶 猶
唯	오직	유
	口 부의 8획
	口 口' 叩 叩 咁 咁 唯 唯
遊	놀	유
	辶 부의 9획
	丶 方 方 扩 扩 斿 游 遊
柔	부드러울	유
	木 부의 5획
	一 マ 又 予 矛 柔 柔 柔
遺	남을	유
	辶 부의 12획
	口 中 虫 虫 書 貴 遺 遺
幼	어릴	유
	幺 부의 2획
	乚 幺 幺 幻 幼
肉	고기	육
	肉 부의 0획
	丨 冂 内 内 肉 肉
育	기를	육
	肉 부의 4획
	丶 亠 云 产 育 育 育

恩	은혜 은	
	心 부의 6획	
	丨 冂 冃 日 因 因 恩 恩	

銀	은 은	
	金 부의 6획	
	人 乞 牟 金 釒 釘 鈬 鈬 銀	

乙	새 을	
	乙 부의 0획	
	乙	

音	소리 음	
	音 부의 0획	
	一 亠 圡 咅 咅 咅 音	

飮	마실 음	
	食 부의 4획	
	人 � 숱 會 食 飮 飮 飮	

陰	그늘 음	
	阜 부의 8획	
	阝 阝 阽 陰 陰 陰 陰 陰	

吟	읊을 음	
	口 부의 4획	
	丨 冂 口 口 吟 吟 吟	

邑	고을 읍	
	邑 부의 0획	
	丶 口 口 号 骨 骨 邑	

泣	울 읍	
	水 부의 5획	
	丶 冫 氵 氵 汁 汁 泣 泣	

應	응할 응	
	心 부의 13획	
	一 广 府 府 府 雁 應 應	

61

衣	옷 의	
	衣 부의 0획	
	ヽ 亠 亠 亣 衣 衣	

義	옳을 의	
	羊 부의 7획	
	ソ ヅ 羊 美 美 義 義	

議	의논할 의	
	言 부의 13획	
	言 訐 詳 詳 詳 議 議 議	

醫	의원 의	
	酉 부의 11획	
	一 医 医 医 医 殴 醫 醫 醫	

意	뜻 의	
	心 부의 9획	
	一 立 音 音 音 意 意	

依	의지할 의	
	人 부의 6획	
	ヽ イ イ 产 伊 依 依	

矣	어조사 의	
	矢 부의 2획	
	厶 厶 厶 台 乒 矣 矣	

二	두 이	
	二 부의 0획	
	一 二	

耳	귀 이	
	耳 부의 0획	
	一 丁 丌 丌 耳 耳	

移	옮길 이	
	禾 부의 6획	
	二 千 禾 禾 秒 移 移 移	

以	써	이
	人 부의 3획	
	〕 l l l 以 以	

己	이미	이
	己 부의 0획	
	フ コ 己	

而	어조사	이
	而 부의 0획	
	一 ー ヂ 币 而 而	

異	다를	이
	田 부의 6획	
	口 田 田 甲 甲 里 異	

益	더할	익
	皿 부의 5획	
	八 八 八 六 代 谷 益 益	

人	사람	인
	人 부의 0획	
	ノ 人	

引	끌	인
	弓 부의 1획	
	一 コ 弓 引	

仁	어질	인
	人 부의 2획	
	ノ イ 仁 仁	

因	인할	인
	口 부의 3획	
	l 冂 冂 円 因 因	

忍	참을	인
	心 부의 3획	
	フ 刀 刃 刃 忍 忍 忍	

認	인정할	인					
	言 부의 7획						
	亠 亖 言 訂 訒 訒 認 認						
寅	범	인					
	宀 부의 8획						
	宀 宀 宀 宙 宙 宙 寅 寅						
印	도장	인					
	卩 부의 4획						
	′ ſ F E 印 印						
一	한	일					
	一 부의 0획						
	一						
日	날	일					
	日 부의 0획						
	l 冂 日 日						
壬	아홉째천간	임					
	士 부의 1획						
	′ 二 千 壬						
入	들	입					
	入 부의 0획						
	ノ 入						
子	아들	자					
	子 부의 0획						
	乛 了 子						
字	글자	자					
	子 부의 3획						
	′ ′ 宀 宁 宇 字						
自	스스로	자					
	自 부의 0획						
	′ ſ 冂 白 自 自						

者 놈 **자**
老 부의 5획
一 十 土 耂 耂 者 者 者

慈 사랑 **자**
心 부의 10획
丷 䒑 兑 兹 兹 兹 慈 慈

姉 맏누이 **자**
女 부의 5획
乚 乄 女 女 妌 妌 姉 姉

作 지을 **작**
人 부의 5획
丿 亻 亻 作 作 作 作

昨 어제 **작**
日 부의 5획
冂 刀 日 日 旷 昨 昨 昨

長 길 **장**
長 부의 0획
丨 冂 F E 토 토 長 長

章 글 **장**
立 부의 6획
丶 亠 产 产 音 音 音 章

場 마당 **장**
土 부의 9획
一 土 圹 坦 坦 場 場 場

將 장수 **장**
寸 부의 8획
丨 丬 丬 丬 扩 将 將 將

壯 굳셀 **장**
土 부의 4획
丨 丬 丬 丬 壯 壯 壯

材	**재목** 재					
	木 부의 3획					
	一 十 才 木 朴 村 材					
財	**재물** 재					
	貝 부의 3획					
	冂 冂 目 目 貝 貝 財 財					
在	**있을** 재					
	土 부의 3획					
	一 ナ 广 右 在 在					
再	**두번** 재					
	冂 부의 4획					
	一 冂 冂 丙 再 再					
才	**재주** 재					
	手 부의 0획					
	一 十 才					
栽	**심을** 재					
	木 부의 6획					
	十 土 吉 丰 未 栽 栽 栽					
哉	**어조사** 재					
	口 부의 6획					
	一 十 土 吉 吉 哉 哉 哉					
爭	**다툴** 쟁					
	爪 부의 4획					
	一 ∽ ⺈ ∽ 爭 爭 爭					
貯	**쌓을** 저					
	貝 부의 5획					
	丨 冂 冂 目 貝 貯 貯 貯					
低	**낮을** 저					
	人 부의 5획					
	丿 亻 亻 低 低 低					

著
的
赤
適
敵
田
全
前
展
電

나타날 저

艸 부의 9획

艹 艹 艹 艿 芝 著 著 著

과녁 적

白 부의 3획

' ' ' ' ' 白 白 的 的

붉을 적

赤 부의 0획

一 十 土 + 赤 赤

알맞을 적

辶 부의 11획

二 冂 丙 丙 商 啇 滴 適

대적할 적

攴(攵) 부의 11획

丶 亠 产 商 商 商 敵 敵

밭 전

田 부의 0획

丨 冂 冊 田 田

온전 전

入 부의 4획

' 入 入 全 全 全

앞 전

刀 부의 7획

丷 䒑 宀 肖 前 前 前

펼 전

尸 부의 7획

フ 尸 尸 屛 屛 展 展

전기 전

雨 부의 5획

一 戸 币 両 雨 雷 雷 電

傳	전할	전					
	人 부의 11획						
	亻 亻 佴 俥 俥 俥 傳 傳						

典	법	전					
	八 부의 6획						
	丨 冂 冉 曲 曲 典 典						

戰	싸움	전					
	戈 부의 12획						
	單 單 單 單 戰 戰 戰						

錢	돈	전					
	金 부의 8획						
	乍 牟 金 針 錢 錢 錢 錢						

節	마디	절					
	竹 부의 9획						
	𥫗 竹 笁 笁 笁 筲 節 節						

絶	끊을	절					
	糸 부의 6획						
	幺 糸 糸 紀 紹 紹 絶						

店	가게	점					
	广 부의 5획						
	亠 广 广 庀 店 店 店						

接	접할	접					
	手 부의 8획						
	扌 扩 护 护 垶 接 接						

正	바를	정					
	止 부의 1획						
	一 丁 下 正 正						

政	정사	정					
	攴(攵) 부의 4획						
	一 丁 丁 正 政 政 政						

		정할	정
		宀 부의 5획	
定		ﾉ ﾉ 宀 宁 宇 定 定	
		정할, 깨끗할	정
		米 부의 8획	
精		ﾉ 半 米 米 精 精 精 精	
		뜻	정
		心 부의 8획	
情		ﾉ ﾄ ﾄ 忄 情 情 情	
		뜰	정
		广 부의 7획	
庭		ﾉ 广 广 庐 庐 庭 庭	
		장정	정
		一 부의 1획	
丁		一 丁	
		정수리	정
		頁 부의 2획	
頂		ﾉ 丁 厂 顶 顶 頂 頂 頂	
		머무를	정
		人 부의 9획	
停		ﾉ ﾉ 广 停 停 停 停 停	
		우물	정
		二 부의 2획	
井		一 二 丰 井	
		곧을	정
		貝 부의 2획	
貞		ﾉ ﾉ 广 占 貞 貞 貞 貞	
		고요할	정
		靑 부의 8획	
靜		十 主 青 青 青 靜 靜 靜	

淨	맑을	정					
	水 부의 8획						
	氵汀汀沪淨淨淨淨						
弟	아우	제					
	弓 부의 4획						
	丶丷丷弟弟弟						
第	차례	제					
	竹 부의 5획						
	𝅳 𝅳 𝅳 竻竻竻笃第第						
祭	제사	제					
	示 부의 6획						
	夕夕夕尽奴祭祭祭						
帝	임금	제					
	巾 부의 6획						
	一一一亠亠产帝帝						
題	제목	제					
	頁 부의 9획						
	日旦早早是是題題						
除	덜	제					
	阜 부의 7획						
	丨丨阝阝阼阼除除						
製	지을	제					
	衣 부의 8획						
	亠牛制制製製製						
諸	여러	제					
	言 부의 9획						
	言言計計諸諸諸						
早	이를	조					
	日 부의 2획						
	丨口日日旦早						

造 지을 조
辶 부의 7획
丿 𠂉 牛 生 告 浩 造

鳥 새 조
鳥 부의 0획
丿 𠂆 户 户 自 阜 烏 鳥

調 고를 조
言 부의 8획
二 三 言 言 訂 訶 調 調

朝 아침 조
月 부의 8획
一 十 古 古 直 卓 朝 朝

助 도울 조
力 부의 5획
丨 冂 月 月 且 助 助

祖 할아비 조
示 부의 5획
二 亍 示 示 礻 初 祖 祖

兆 억조 조
儿 부의 4획
丿 丬 丬 兆 兆 兆

足 발 족
足 부의 0획
丶 口 口 口 口 尸 足

族 일가 족
方 부의 7획
亠 方 方 方 於 旌 族 族

存 있을 존
子 부의 3획
一 ナ 𠂇 疒 存 存

높을　　　　존
寸 부의 9획
八 스 兯 芮 酋 酋 尊 尊

마칠　　　　졸
十 부의 6획
丶 亠 宀 疒 疖 卆 卒

마루　　　　종
宀 부의 5획
丶 宀 宀 宇 宇 宗 宗

씨　　　　종
禾 부의 9획
二 千 禾 秆 稻 種 種 種

쇠북　　　　종
金 부의 12획
스 牟 金 釒 鈩 錯 鐘 鐘

마칠　　　　종
糸 부의 5획
丶 幺 糸 糸 終 終 終

좇을　　　　종
彳 부의 8획
彳 彳 彳 從 從 從 從

왼　　　　좌
工 부의 2획
一 ナ 左 左 左

앉을　　　　좌
土 부의 4획
丶 人 丛 坐 坐 坐

허물　　　　죄
罒 부의 8획
丨 冂 罒 四 罒 罪 罪 罪

主	주인	주
注	、 부의 4획 丶亠十主主	
住	흐를	주
酒	水 부의 5획 丶丶氵氵汁汁注注	
畫	머무를	주
宙	人 부의 5획 丿亻亻广仁住住	
朱	술	주
走	酉 부의 3획 氵汀汀汈洒洒酒酒	
竹	낮	주
中	日 부의 7획 丶⺲⺀畫書書書畫	
	집	주
	宀 부의 5획 丶宀宀宀宀宙宙	
	붉을	주
	木 부의 2획 丿⺧二牛牛朱	
	달릴	주
	走 부의 0획 一十土丰走走走	
	대	죽
	竹 부의 0획 丿⺀仁竹竹竹	
	가운데	중
	丨 부의 3획 丨口口中	

重	무거울 중					
	里 부의 2획					
	一 二 千 舌 盲 重 重					
衆	무리 중					
	血 부의 6획					
	一 个 血 血 卖 卖 衆					
卽	곧 즉					
	卩 부의 7획					
	一 个 白 白 皀 卽 卽					
增	더할 증					
	土 부의 12획					
	一 土 圹 圹 圹 增 增					
曾	거듭 증					
	日 부의 8획					
	八 台 台 台 台 血 曾 曾					
證	증거 증					
	言 부의 12획					
	言 言 言 言 詩 詩 證 證					
只	다만 지					
	口 부의 2획					
	丨 口 口 尸 只					
止	그칠 지					
	止 부의 0획					
	丨 卜 止 止					
知	알 지					
	矢 부의 3획					
	丿 仁 左 矢 矢 知 知					
地	땅 지					
	土 부의 3획					
	一 十 土 圹 圳 地					

74

指	**가리킬** 지
	手 부의 6획
	亅 扌 扌 扩 指 指 指 指

志	**뜻** 지
	心 부의 3획
	一 十 士 志 志 志 志

支	**지탱할** 지
	支 부의 0획
	一 十 支 支

至	**이를** 지
	至 부의 0획
	一 ㄷ ㅍ 至 至 至

紙	**종이** 지
	糸 부의 4획
	乙 幺 乡 糸 糸 紅 紙 紙

枝	**가지** 지
	木 부의 4획
	一 十 才 木 木 杧 枝 枝

持	**가질** 지
	手 부의 6획
	亅 扌 扌 扩 扩 拌 持 持

之	**갈** 지
	丿 부의 3획
	丶 丶 ㇇ 之

直	**곧을** 직
	目 부의 3획
	一 十 ナ 古 直 直 直 直

眞	**참** 진
	目 부의 5획
	丶 ヒ 片 片 眉 直 眞 眞

進	나아갈 진
	辶 부의 8획
	亻 亻 伫 伫 佯 淮 進 進

辰	별 진 날 신
	辰 부의 0획
	一 厂 厂 厈 戶 辰 辰

盡	다할 진
	皿 부의 9획
	⊐ ⇒ ⊒ 聿 聿 盡 盡 盡

質	바탕 질
	貝 부의 8획
	⺮ ⺮ ⺮ 斦 斦 筲 質 質

集	모을 집
	隹 부의 4획
	亻 亻 伫 伫 隹 隹 隼 集

執	잡을 집
	土 부의 8획
	土 圡 去 查 幸 幸 執 執

此	이 차
	止 부의 2획
	丨 ⺊ 止 止 此

次	버금 차
	欠 부의 2획
	冫 冫 次 次 次

借	빌릴 차
	人 부의 8획
	亻 亻 借 借 借 借 借

且	또 차
	一 부의 4획
	丨 冂 月 且 且

着

察

參

唱

昌

窓

採

菜

責

冊

붙을 착

目 부의 7획

丷 丷 圶 羊 羊 着 着 着

살필 찰

宀 부의 11획

宀 宀 灾 灾 灾 察 察 察

참여할 참

厶 부의 9획

厶 厶 夵 夵 夾 夾 參 參

부를 창

口 부의 8획

口 叮 叩 叩 唱 唱 唱 唱

창성할 창

日 부의 4획

丨 冂 冃 日 昌 昌 昌

창문 창

穴 부의 6획

宀 宀 灾 灾 灾 窓 窓 窓

캘 채

手 부의 8획

扌 扌 扩 扩 抒 抔 採 採

나물 채

艸 부의 8획

艹 艹 艹 艹 荢 荢 菜 菜

꾸짖을 책

貝 부의 4획

一 十 丰 主 丰 青 青 責

책 책

冂 부의 3획

丨 冂 冂 冊 冊 冊

77

處 곳 처
虍 부의 5획
丿 卜 广 广 虍 虖 虜 處

妻 아내 처
女 부의 5획
一 ㄱ ㅋ ㅋ 妻 妻 妻

尺 자 척
尸 부의 1획
ㄱ ㄱ 尸 尺

千 일천 천
十 부의 1획
丿 二 千

天 하늘 천
大 부의 1획
一 二 于 天

川 내 천
巛 부의 0획
丿 刂 川

淺 얕을 천
水 부의 8획
丿 氵 汏 浅 浅 淺 淺 淺

泉 샘 천
水 부의 5획
丿 宀 白 白 白 身 泉 泉

鐵 쇠 철
金 부의 13획
钅 釒 鉾 鋅 鋅 鐵 鐵 鐵

青 푸를 청
青 부의 0획
一 十 丰 圭 青 青 青 青

78

| 清 | 맑을 | 청 |
| 水 부의 8획 |
| 氵 汀 汀 汗 洼 清 清 清 |

| 請 | 청할 | 청 |
| 言 부의 8획 |
| 言 言 言 計 詰 請 請 請 |

| 聽 | 들을 | 청 |
| 耳 부의 16획 |
| 一 耳 耳 耳 聖 聽 聽 聽 |

| 晴 | 갤 | 청 |
| 日 부의 8획 |
| 刀 日 日 日 昨 晴 晴 晴 |

| 體 | 몸 | 체 |
| 骨 부의 13획 |
| 严 骨 骨 骨 骨 骨 體 體 體 |

| 初 | 처음 | 초 |
| 刀 부의 5획 |
| 一 ラ ネ 衤 初 初 |

| 草 | 풀 | 초 |
| 艸 부의 6획 |
| 丶 十 艹 苎 莒 草 草 |

| 招 | 불러올 | 초 |
| 手 부의 5획 |
| 一 十 扌 扣 扣 招 招 |

| 寸 | 마디 | 촌 |
| 寸 부의 0획 |
| 一 十 寸 |

| 村 | 마을 | 촌 |
| 木 부의 3획 |
| 一 十 才 木 村 村 村 |

最	가장	최
	曰 부의 8획
	冂 冃 冃 昌 昌 昺 最 最

秋	가을	추
	禾 부의 4획
	二 千 干 禾 禾 禾 秋 秋

追	따를	추
	辶 부의 6획
	亻 亻 亻 自 自 追 追

推	밀	추
	手 부의 8획
	扌 扌 扌 扩 扩 抃 抃 推

祝	빌	축
	示 부의 5획
	二 千 开 示 和 祁 祁 祝

丑	소	축
	一 부의 3획
	刁 刁 刃 丑 丑

春	봄	춘
	日 부의 5획
	二 三 丰 夫 夫 春 春 春

出	날	출
	凵 부의 3획
	丨 屮 中 出 出

充	채울	충
	儿 부의 4획
	丶 亠 玄 去 产 充

忠	충성	충
	心 부의 4획
	丨 冂 口 中 中 忠 忠 忠

蟲	벌레 충
取	虫 부의 12획
就	口 中 虫 虫 蚰 蚰 蟲 蟲
	거둘 취
	又 부의 6획
	一 T F F 耳 耳 取 取
	나아갈 취
	尢 부의 9획
	亠 古 宁 京 京 京 就 就
吹	불 취
治	口 부의 4획
致	丨 冂 口 叮 吹 吹
	다스릴 치
	水 부의 5획
	丶 丶 氵 氵 治 治 治 治
	이를 치
	至 부의 4획
	厶 厶 至 至 至 致 致
齒	이 치
則	齒 부의 0획
親	丨 止 止 齿 齿 齒 齒 齒
七	법칙 칙 곧 즉
	刀 부의 7획
	冂 冂 月 且 貝 貝 則 則
	친할 친
	見 부의 9획
	亠 立 立 辛 亲 新 親 親
	일곱 칠
	一 부의 1획
	一 七

針	바늘　　침					
快	金 부의 2획					
	ノ 人 스 牟 金 金 釒 針					
他	시원할　　쾌					
	心 부의 4획					
打	丶 丶 忄 忙 快 快					
	다를　　타					
脫	人 부의 3획					
	ノ 亻 仆 仲 他					
探	칠　　타					
	手 부의 2획					
太	一 十 扌 打					
	벗어날　　탈					
泰	肉 부의 7획					
	刀 月 肜 肦 脐 脐 脫 脫					
宅	더듬을　　탐					
	手 부의 8획					
土	扌 扌 扞 扞 押 捽 探 探					
	클　　태					
	大 부의 1획					
	一 ナ 大 太					
	클, 편안할　　태					
	水 부의 5획					
	三 丰 夫 夫 泰 泰 泰 泰					
	집　　택					
	宀 부의 3획					
	丶 丷 宀 宀 宅 宅					
	흙　　토					
	土 부의 0획					
	一 十 土					

通	통할	통
統	거느릴	통
退	물러날	퇴
投	던질	투
特	특별할	특
破	깨뜨릴	파
波	물결	파
判	판단할	판
八	여덟	팔
敗	패할	패

통할   통
辶 부의 7획
フ マ 冎 冎 甬 涌 涌 通

거느릴   통
糸 부의 6획
糸 糸 糸 紵 紵 紵 統

물러날   퇴
辶 부의 6획
フ ㄱ ㅋ 艮 艮 艮 退 退

던질   투
手 부의 4획
一 寸 扌 扩 投 投

특별할   특
牛 부의 6획
牛 牜 牜 牜 特 特 特

깨뜨릴   파
石 부의 5획
石 石 石 矿 矿 矿 破 破

물결   파
水 부의 5획
氵 氵 沪 沪 波 波

판단할   판
刀 부의 5획
八 半 半 判 判

여덟   팔
八 부의 0획
ノ 八

패할   패
攴(攵)부의 7획
l �Π Ħ 目 貝 貝 敗 敗

貝	조개 　　　　패				
	貝 부의 0획				
	l 冂 冂 月 目 貝 貝				

篇	책 　　　　편				
	竹 부의 9획				
	⺮ ⺮ 竺 竺 管 管 篙 篙 篇				

便	편할편 　오줌변				
	人 부의 7획				
	亻 亻 仴 佰 佰 佰 便 便				

片	조각 　　　　편				
	片 부의 0획				
	丿 丿 户 片				

平	평평할 　　　평				
	干 부의 2획				
	一 厂 亓 二 平				

閉	닫을 　　　　폐				
	門 부의 3획				
	l 冂 冃 冃 門 門 閉 閉				

布	베 　　　　포				
	巾 부의 2획				
	丿 ナ 大 右 布				

抱	안을 　　　　포				
	手 부의 5획				
	一 亅 扌 扌 扚 抅 抱 抱				

暴	사나울 포 나타낼 폭				
	日 부의 11획				
	冂 日 旦 昇 昇 暴 暴 暴				

表	바깥 　　　　표				
	衣 부의 3획				
	一 十 丰 主 韦 表 表 表				

品

품수 품

口 부의 6획

丨 冂 口 口 吊 品 品 品

風

바람 풍

風 부의 0획

丿 几 凡 凤 同 風 風 風

豐

풍성할 풍

豆 부의 11획

丨 曰 曲 扭 掛 曹 豐 豐

皮

가죽 피

皮 부의 0획

丿 厂 广 皮 皮

彼

저 피

彳 부의 5획

丿 ノ 彳 彳 彷 彷 彼 彼

必

반드시 필

心 부의 1획

丶 丿 必 必 必

匹

짝 필

匚 부의 2획

一 匚 兀 匹

筆

붓 필

竹 부의 6획

丿 丶 竹 竹 竿 笁 筆 筆

下

아래 하

一 부의 2획

一 丁 下

何

어찌 하

人 부의 5획

丿 亻 亻 佃 佃 佃 何 何

| 夏 | 여름 | 하 |
| 夂 부의 7획 |
| 一 厂 厂 百 百 戶 戶 夏 夏 |

| 賀 | 하례할 | 하 |
| 貝 부의 5획 |
| 丁 力 力 加 加 賀 智 賀 |

| 河 | 강물 | 하 |
| 水 부의 5획 |
| 丶 氵 氵 沪 沪 河 河 |

| 學 | 배울 | 학 |
| 子 부의 13획 |
| 丨 丨 臼 臼 與 與 學 學 |

| 寒 | 찰 | 한 |
| 宀 부의 9획 |
| 宀 宀 宀 宀 実 実 寒 寒 |

| 韓 | 나라이름 | 한 |
| 韋 부의 8획 |
| 十 古 卓 卓 幹 韓 韓 韓 |

| 漢 | 한나라 | 한 |
| 水 부의 11획 |
| 氵 氵 浐 浐 浐 漢 漢 漢 |

| 恨 | 한할 | 한 |
| 心 부의 6획 |
| 丶 忄 忄 忄 忄 恨 恨 恨 |

| 限 | 한정 | 한 |
| 阜 부의 6획 |
| 阝 阝 阡 阡 阳 限 限 限 |

| 閑 | 한가할 | 한 |
| 門 부의 4획 |
| 丨 丨 門 門 門 門 開 閑 |

合

恒

害

海

解

亥

行

幸

香

鄉

합할 합

口 부의 3획

丿 人 人 合 合 合

항상 항

心 부의 6획

忄 忄 忙 忻 恒 恒 恒

해칠 해

宀 부의 7획

丶 宀 宀 宁 宝 害 害 害

바다 해

水 부의 7획

氵 氵 氵 浐 海 海 海 海

풀 해

角 부의 6획

冂 冎 冎 角 角 触 解 解

돼지 해

亠 부의 4획

丶 亠 六 亥 亥 亥

다닐 행

行 부의 0획

丿 彳 彳 行 行 行

다행 행

干 부의 5획

一 十 土 圥 �占 幸 幸 幸

향기 향

香 부의 0획

一 二 千 禾 禾 香 香 香

고향 향

邑 부의 10획

ㄑ 纟 纟 纱 纱 绲 绲 鄉

向

虛

許

革

現

賢

血

協

兄

形

향할 향

口 부의 3획

丶 丆 向 向 向 向

빌 허

虍 부의 6획

丨 十 广 卢 虍 虙 虛 虛

허락할 허

言 부의 4획

亠 亠 言 言 言 訝 訐 許

가죽 혁

革 부의 0획

一 艹 廿 苹 苦 芇 苩 革

나타날 현

玉 부의 7획

丆 王 尹 玑 珇 珇 玥 現

어질 현

貝 부의 8획

丨 丆 臣 臣 臤 臤 腎 賢

피 혈

血 부의 0획

丶 亻 白 血 血 血

화할 협

十 부의 6획

一 十 十 协 协 協 協 協

맏 형

儿 부의 3획

丨 冂 口 尸 兄

얼굴 형

彡 부의 4획

一 二 干 开 开 形 形 形

刑	형벌	형					
	刀 부의 4획						
	一 二 干 开 刑 刑						

惠	은혜	혜					
	心 부의 8획						
	一 厂 百 車 串 重 惠 惠						

好	좋아할	호					
	女 부의 3획						
	乚 女 女 女 好 好						

號	부르짖을	호					
	虍 부의 7획						
	丶 口 号 号 號 號 號 號						

湖	호수	호					
	水 부의 9획						
	氵 氵 汁 汁 汁 油 湖 湖						

乎	어조사	호					
	丿 부의 4획						
	一 丷 丷 立 乎						

虎	범	호					
	虍 부의 2획						
	丶 丨 广 广 卢 虍 虎						

戶	지게	호					
	戶 부의 0획						
	一 厂 戶 戶						

呼	부를	호					
	口 부의 5획						
	丶 口 口 叮 吁 吁 呼						

或	혹시	혹					
	戈 부의 4획						
	一 厂 戸 戸 或 或 或						

婚	혼인할	혼				
	女 부의 8획					
	ㄴ ㄴ 女 妒 妒 娇 婚 婚					
混	섞일	혼				
	水 부의 8획					
	氵氵沪沪湢混混混					
紅	붉을	홍				
	糸 부의 3획					
	ㄴ ㄴ ㄴ 幺 糸 紅 紅					
火	불	화				
	火 부의 0획					
	ㄴ ㄴ 少 火					
化	변화할	화				
	匕 부의 2획					
	ㄴ ㄴ ㄴ 化					
花	꽃	화				
	艸 부의 4획					
	ㄴ ㄴ ㄴ 艹 艿 花 花 花					
貨	재화	화				
	貝 부의 4획					
	ㄴ ㄴ 亻 化 化 作 貨 貨					
和	화할	화				
	口 부의 5획					
	ㄴ ㄴ 千 禾 禾 和 和					
話	말씀	화				
	言 부의 6획					
	ㄴ ㄴ 言 言 言 評 話 話					
華	빛날	화				
	艸 부의 8획					
	ㄴ ㄴ 芊 芏 茸 荜 荜 華					

畫	그림 화 가를 획					
	田 부의 7획					
	フ ユ ヨ 圭 書 書 畫 畫					

歡	기뻐할 환					
	欠 부의 18획					
	ˋ ˋ ㄤ 莊 莊 雚 歡 歡					

患	근심 환					
	心 부의 7획					
	ロ ロ ロ ロ 串 串 患 患					

活	살 활					
	水 부의 6획					
	ˋ ˋ ˋ ㌟ ㌟ 活 活 活					

黃	누를 황					
	黃 부의 0획					
	一 艹 芢 芢 芇 芇 黃 黃					

皇	임금 황					
	白 부의 4획					
	ˊ ㇇ 白 白 白 皁 皇 皇					

回	돌아올 회					
	口 부의 3획					
	ㅣ �冂 冂 回 回 回					

會	모일 회					
	日 부의 9획					
	八 ⼈ 合 合 合 命 會 會					

孝	효도 효					
	子 부의 4획					
	一 十 土 尹 夬 孝 孝					

效	본받을 효					
	攵(攴) 부의 6획					
	亠 ㇒ ㇒ 方 交 交 效 效					

後	뒤 후 彳 부의 6획 ㄱ 千 彳 衫 衫 衫 後 後
厚	두터울 후 厂 부의 7획 一 厂 厈 厈 戽 戽 厚 厚
訓	가르칠 훈 言 부의 3획 ㄴ 言 言 言 言 訓 訓 訓
休	쉴 휴 人 부의 4획 ㄱ 亻 亻 什 休 休
凶	흉할 흉 凵 부의 2획 ノ メ 凶 凶
胸	가슴 흉 肉 부의 6획 丿 刀 肀 肋 肋 朐 胸 胸 胸
黑	검을 흑 黑 부의 0획 丿 口 曰 四 甲 里 黑 黑
興	흥할 흥 臼 부의 9획 ㅌ 月 門 門 門 門 興 興
希	바랄 희 巾 부의 4획 ノ メ ズ 产 希 希 希
喜	기쁠 희 口 부의 9획 一 十 士 吉 吉 吉 直 喜

부 록

자의(字義) 및 어의(語義)의 변화

1. 같은 뜻을 가진 글자로 이루어진 말 (類義結合語)

2. 반대의 뜻을 가진 글자로 이루어진 말 (反義結合語)

3. 서로 상반 되는 말 (相對語)

4. 같은 뜻과 비슷한 뜻을 가진 말 (同義語, 類義語)

5. 음은 같고 뜻이 다른 말 (同音異義語)

1. 같은 뜻을 가진 글자로 이루어진 말 (類義結合語)

歌(노래 가) – 謠(노래 요)   附(붙을 부) – 屬(붙을 속)   製(지을 제) – 作(지을 작)

家(집 가) – 屋(집 옥)   扶(도울 부) – 助(도울 조)   製(지을 제) – 造(지을 조)

覺(깨달을 각) – 悟(깨달을 오)   墳(무덤 분) – 墓(무덤 묘)   終(마칠 종) – 了(마칠 료)

間(사이 간) – 隔(사이뜰 격)   批(비평할 비) – 評(평론할 평)   住(살 주) – 居(살 거)

居(살 거) – 住(살 주)   舍(집 사) – 宅(집 택)   俊(뛰어날 준) – 秀(빼어날 수)

揭(높이들 게) – 揚(올릴 양)   釋(풀 석) – 放(놓을 방)   中(가운데 중) – 央(가운데 앙)

堅(굳을 견) – 固(굳을 고)   選(가릴 선) – 擇(가릴 택)   知(알 지) – 識(알 식)

雇(품팔 고) – 傭(품팔이 용)   洗(씻을 세) – 濯(빨 탁)   珍(보배 진) – 寶(보배 보)

攻(칠 공) – 擊(칠 격)   樹(나무 수) – 木(나무 목)   進(나아갈 진) – 就(나아갈 취)

恭(공손할 공) – 敬(공경할 경)   始(처음 시) – 初(처음 초)   質(물을 질) – 問(물을 문)

恐(두려울 공) – 怖(두려울 포)   身(몸 신) – 體(몸 체)   倉(곳집 창) – 庫(곳집 고)

空(빌 공) – 虛(빌 허)   尋(찾을 심) – 訪(찾을 방)   菜(나물 채) – 蔬(나물 소)

貢(바칠 공) – 獻(드릴 헌)   哀(슬플 애) – 悼(슬퍼할 도)   尺(자 척) – 度(자 도)

過(지날 과) – 去(갈 거)   念(생각할 염) – 慮(생각할 려)   淸(맑을 청) – 潔(깨끗할 결)

具(갖출 구) – 備(갖출 비)   要(구할 요) – 求(구할 구)   聽(들을 청) – 聞(들을 문)

飢(주릴 기) – 餓(주릴 아)   憂(근심 우) – 愁(근심 수)   淸(맑을 청) – 淨(맑을 정)

技(재주 기) – 藝(재주 예)   怨(원망할 원) – 恨(한할 할)   打(칠 타) – 擊(칠 격)

敦(도타울 돈) – 篤(도타울 독)   隆(성할 융) – 盛(성할 성)   討(칠 토) – 伐(칠 벌)

勉(힘쓸 면) – 勵(힘쓸 려)   恩(은혜 은) – 惠(은혜 혜)   鬪(싸움 투) – 爭(다툴 쟁)

滅(멸망할 멸) – 亡(망할 망)   衣(옷 의) – 服(옷 복)   畢(마칠 필) – 竟(마침내 경)

毛(털 모) – 髮(터럭 발)   災(재앙 재) – 禍(재앙 화)   寒(찰 한) – 冷(찰 냉)

茂(우거질 무) – 盛(성할 성)   貯(쌓을 저) – 蓄(쌓을 축)   恒(항상 항) – 常(항상 상)

返(돌이킬 반) – 還(돌아올 환)   淨(깨끗할 정) – 潔(깨끗할 결)   和(화할 화) – 睦(화목할 목)

法(법 법) – 典(법 전)   精(정성 정) – 誠(정성 성)   歡(기쁠 환) – 喜(기쁠 희)

皇(임금 황) – 帝(임금 제)　　希(바랄 희) – 望(바랄 망)

2. 반대의 뜻을 가진 글자로 이루어진 말 (反義結合語)

加(더할 가) ↔ 減(덜 감)　　來(올 래) ↔ 往(갈 왕)　　始(비로소 시) ↔ 終(마칠 종)

可(옳을 가) ↔ 否(아닐 부)　　冷(찰 랭) ↔ 溫(따뜻할 온)　　始(비로소 시) ↔ 末(끝 말)

干(방패 간) ↔ 戈(창 과)　　矛(창 모) ↔ 盾(방패 순)　　新(새 신) ↔ 舊(옛 구)

强(강할 강) ↔ 弱(약할 약)　　問(물을 문) ↔ 答(답할 답)　　伸(펼 신) ↔ 縮(오그라들 축)

開(열 개) ↔ 閉(닫을 폐)　　賣(팔 매) ↔ 買(살 매)　　深(깊을 심) ↔ 淺(얕을 천)

去(갈 거) ↔ 來(올 래)　　明(밝을 명) ↔ 暗(어두울 암)　　安(편안할 안) ↔ 危(위태할 위)

輕(가벼울 경) ↔ 重(무거울 중)　　美(아름다울 미) ↔ 醜(추할 추)　　愛(사랑 애) ↔ 憎(미워할 증)

慶(경사 경) ↔ 弔(조상할 조)　　腹(배 복) ↔ 背(등 배)　　哀(슬플 애) ↔ 歡(기뻐할 환)

經(날 경) ↔ 緯(씨 위)　　夫(지아비 부) ↔ 妻(아내 처)　　抑(누를 억) ↔ 揚(들날릴 양)

乾(하늘 건) ↔ 坤(땅 곤)　　浮(뜰 부) ↔ 沈(잠길 침)　　榮(영화 영) ↔ 辱(욕될 욕)

姑(시어미 고) ↔ 婦(며느리 부)　　貧(가난할 빈) ↔ 富(넉넉할 부)　　緩(느릴 완) ↔ 急(급할 급)

苦(괴로울 고) ↔ 樂(즐거울 락)　　死(죽을 사) ↔ 活(살 활)　　往(갈 왕) ↔ 復(돌아올 복)

高(높을 고) ↔ 低(낮을 저)　　盛(성할 성) ↔ 衰(쇠잔할 쇠)　　優(넉넉할 우) ↔ 劣(용렬할 렬)

功(공 공) ↔ 過(허물 과)　　成(이룰 성) ↔ 敗(패할 패)　　恩(은혜 은) ↔ 怨(원망할 원)

攻(칠 공) ↔ 防(막을 방)　　善(착할 선) ↔ 惡(악할 악)　　陰(그늘 음) ↔ 陽(볕 양)

近(가까울 근) ↔ 遠(멀 원)　　損(덜 손) ↔ 益(더할 익)　　離(떠날 리) ↔ 合(합할 합)

吉(길할 길) ↔ 凶(흉할 흉)　　送(보낼 송) ↔ 迎(맞을 영)　　隱(숨을 은) ↔ 現(나타날 현)

難(어려울 난) ↔ 易(쉬울 이)　　疎(드물 소) ↔ 密(빽빽할 밀)　　任(맡길 임) ↔ 免(면할 면)

濃(짙을 농) ↔ 淡(엷을 담)　　需(쓸 수) ↔ 給(줄 급)　　雌(암컷 자) ↔ 雄(수컷 웅)

斷(끊을 단) ↔ 續(이을 속)　　首(머리 수) ↔ 尾(꼬리 미)　　早(이를 조) ↔ 晩(늦을 만)

當(마땅 당) ↔ 落(떨어질 락)　　受(받을 수) ↔ 授(줄 수)　　朝(아침 조) ↔ 夕(저녁 석)

貸(빌릴 대) ↔ 借(빌려줄 차)　　昇(오를 승) ↔ 降(내릴 강)　　尊(높을 존) ↔ 卑(낮을 비)

得(얻을 득) ↔ 失(잃을 실)　　勝(이길 승) ↔ 敗(패할 패)　　主(주인 주) ↔ 從(따를 종)

眞(참　진) ↔ 僞(거짓 위)　　出(날　출) ↔ 納(들일 납)　　虛(빌　허) ↔ 實(열매 실)

增(더할 증) ↔ 減(덜　감)　　親(친할 친) ↔ 疎(성길 소)　　厚(두터울 후) ↔ 薄(엷을 박)

集(모을 집) ↔ 散(흩을 산)　　表(겉　표) ↔ 裏(속　리)　　喜(기쁠 희) ↔ 悲(슬플 비)

添(더할 첨) ↔ 削(깎을 삭)　　寒(찰　한) ↔ 暖(따뜻할 난)

淸(맑을 청) ↔ 濁(흐릴 탁)　　禍(재화 화) ↔ 福(복　복)

3. 서로 상반 되는 말 (相對語)

可決(가결) ↔ 否決(부결)　　儉約(검약) ↔ 浪費(낭비)　　急性(급성) ↔ 慢性(만성)

架空(가공) ↔ 實際(실제)　　輕減(경감) ↔ 加重(가중)　　急行(급행) ↔ 緩行(완행)

假象(가상) ↔ 實在(실재)　　經度(경도) ↔ 緯度(위도)　　肯定(긍정) ↔ 否定(부정)

加熱(가열) ↔ 冷却(냉각)　　輕率(경솔) ↔ 愼重(신중)　　旣決(기결) ↔ 未決(미결)

干涉(간섭) ↔ 放任(방임)　　輕視(경시) ↔ 重視(중시)　　奇拔(기발) ↔ 平凡(평범)

減少(감소) ↔ 增加(증가)　　高雅(고아) ↔ 卑俗(비속)　　飢餓(기아) ↔ 飽食(포식)

感情(감정) ↔ 理性(이성)　　固定(고정) ↔ 流動(유동)　　吉兆(길조) ↔ 凶兆(흉조)

剛健(강건) ↔ 柔弱(유약)　　高調(고조) ↔ 低調(저조)　　樂觀(낙관) ↔ 悲觀(비관)

强硬(강경) ↔ 柔和(유화)　　供給(공급) ↔ 需要(수요)　　落第(낙제) ↔ 及第(급제)

開放(개방) ↔ 閉鎖(폐쇄)　　空想(공상) ↔ 現實(현실)　　樂天(낙천) ↔ 厭世(염세)

個別(개별) ↔ 全體(전체)　　過激(과격) ↔ 穩健(온건)　　暖流(난류) ↔ 寒流(한류)

客觀(객관) ↔ 主觀(주관)　　官尊(관존) ↔ 民卑(민비)　　濫用(남용) ↔ 節約(절약)

客體(객체) ↔ 主體(주체)　　光明(광명) ↔ 暗黑(암흑)　　朗讀(낭독) ↔ 默讀(묵독)

巨大(거대) ↔ 微少(미소)　　巧妙(교묘) ↔ 拙劣(졸렬)　　內容(내용) ↔ 形式(형식)

巨富(거부) ↔ 極貧(극빈)　　拘禁(구금) ↔ 釋放(석방)　　老練(노련) ↔ 未熟(미숙)

拒絕(거절) ↔ 承諾(승락)　　拘束(구속) ↔ 放免(방면)　　濃厚(농후) ↔ 稀薄(희박)

建設(건설) ↔ 破壞(파괴)　　求心(구심) ↔ 遠心(원심)　　能動(능동) ↔ 被動(피동)

乾燥(건조) ↔ 濕潤(습윤)　　屈服(굴복) ↔ 抵抗(저항)　　多元(다원) ↔ 一元(일원)

傑作(걸작) ↔ 拙作(졸작)　　權利(권리) ↔ 義務(의무)　　單純(단순) ↔ 複雜(복잡)

96

單式(단식) ↔ 複式(복식)

短縮(단축) ↔ 延長(연장)

大乘(대승) ↔ 小乘(소승)

對話(대화) ↔ 獨白(독백)

都心(도심) ↔ 郊外(교외)

獨創(독창) ↔ 模倣(모방)

滅亡(멸망) ↔ 興隆(흥륭)

名譽(명예) ↔ 恥辱(치욕)

無能(무능) ↔ 有能(유능)

物質(물질) ↔ 精神(정신)

密集(밀집) ↔ 散在(산재)

反抗(반항) ↔ 服從(복종)

放心(방심) ↔ 操心(조심)

背恩(배은) ↔ 報恩(보은)

凡人(범인) ↔ 超人(초인)

別居(별거) ↔ 同居(동거)

保守(보수) ↔ 進步(진보)

本業(본업) ↔ 副業(부업)

富裕(부유) ↔ 貧窮(빈궁)

不實(부실) ↔ 充實(충실)

敷衍(부연) ↔ 省略(생략)

否認(부인) ↔ 是認(시인)

分析(분석) ↔ 綜合(종합)

紛爭(분쟁) ↔ 和解(화해)

不運(불운) ↔ 幸運(행운)

非番(비번) ↔ 當番(당번)

非凡(비범) ↔ 平凡(평범)

悲哀(비애) ↔ 歡喜(환희)

死後(사후) ↔ 生前(생전)

削減(삭감) ↔ 添加(첨가)

散文(산문) ↔ 韻文(운문)

相剋(상극) ↔ 相生(상생)

常例(상례) ↔ 特例(특례)

喪失(상실) ↔ 獲得(획득)

詳述(상술) ↔ 略述(약술)

生食(생식) ↔ 火食(화식)

先天(선천) ↔ 後天(후천)

成熟(성숙) ↔ 未熟(미숙)

消極(소극) ↔ 積極(적극)

所得(소득) ↔ 損失(손실)

疎遠(소원) ↔ 親近(친근)

淑女(숙녀) ↔ 紳士(신사)

順行(순행) ↔ 逆行(역행)

靈魂(영혼) ↔ 肉體(육체)

憂鬱(우울) ↔ 明朗(명랑)

連敗(연패) ↔ 連勝(연승)

偶然(우연) ↔ 必然(필연)

恩惠(은혜) ↔ 怨恨(원한)

依他(의타) ↔ 自立(자립)

人爲(인위) ↔ 自然(자연)

立體(입체) ↔ 平面(평면)

入港(입항) ↔ 出港(출항)

自動(자동) ↔ 手動(수동)

自律(자율) ↔ 他律(타율)

自意(자의) ↔ 他意(타의)

敵對(적대) ↔ 友好(우호)

絶對(절대) ↔ 相對(상대)

漸進(점진) ↔ 急進(급진)

靜肅(정숙) ↔ 騷亂(소란)

正午(정오) ↔ 子正(자정)

定着(정착) ↔ 漂流(표류)

弔客(조객) ↔ 賀客(하객)

直系(직계) ↔ 傍系(방계)

眞實(진실) ↔ 虛僞(허위)

質疑(질의) ↔ 應答(응답)

斬新(참신) ↔ 陳腐(진부)

縮小(축소) ↔ 擴大(확대)

快樂(쾌락) ↔ 苦痛(고통)

快勝(쾌승) ↔ 慘敗(참패)

好況(호황) ↔ 不況(불황)

退化(퇴화) ↔ 進化(진화)

敗北(패배) ↔ 勝利(승리)

虐待(학대) ↔ 優待(우대)

合法(합법) ↔ 違法(위법)

好材(호재) ↔ 惡材(악재)

好轉(호전) ↔ 逆轉(역전)

興奮(흥분) ↔ 鎭靜(진정)

4. 같은 뜻과 비슷한 뜻을 가진 말 (同義語, 類義語)

巨商(거상) - 大商(대상)	學費(학비) - 學資(학자)	海外(해외) - 異域(이역)
謙遜(겸손) - 謙虛(겸허)	土臺(토대) - 基礎(기초)	畢竟(필경) - 結局(결국)
共鳴(공명) - 首肯(수긍)	答書(답서) - 答狀(답장)	戲弄(희롱) - 籠絡(농락)
古刹(고찰) - 古寺(고사)	暝想(명상) - 思想(사상)	寸土(촌토) - 尺土(척토)
交涉(교섭) - 折衝(절충)	侮蔑(모멸) - 凌蔑(능멸)	煩悶(번민) - 煩惱(번뇌)
飢死(기사) - 餓死(아사)	莫論(막론) - 勿論(물론)	先考(선고) - 先親(선친)
落心(낙심) - 落膽(낙담)	貿易(무역) - 交易(교역)	同窓(동창) - 同門(동문)
妄想(망상) - 夢想(몽상)	放浪(방랑) - 流浪(유랑)	目睹(목도) - 目擊(목격)
謀陷(모함) - 中傷(중상)	符合(부합) - 一致(일치)	思考(사고) - 思惟(사유)
矛盾(모순) - 撞着(당착)	昭詳(소상) - 仔細(자세)	觀點(관점) - 見解(견해)
背恩(배은) - 亡德(망덕)	順從(순종) - 服從(복종)	矜持(긍지) - 自負(자부)
寺院(사원) - 寺刹(사찰)	兵營(병영) - 兵舍(병사)	丹靑(단청) - 彩色(채색)
象徵(상징) - 表象(표상)	上旬(상순) - 初旬(초순)	
書簡(서간) - 書翰(서한)	永眠(영면) - 別世(별세)	
視野(시야) - 眼界(안계)	戰歿(전몰) - 戰死(전사)	
淳朴(순박) - 素朴(소박)	周旋(주선) - 斡旋(알선)	
始祖(시조) - 鼻祖(비조)	弱點(약점) - 短點(단점)	
威脅(위협) - 脅迫(협박)	類似(유사) - 恰似(흡사)	
一豪(일호) - 秋豪(추호)	天地(천지) - 乾坤(건곤)	
要請(요청) - 要求(요구)	滯留(체류) - 滯在(체재)	
精誠(정성) - 至誠(지성)	招待(초대) - 招請(초청)	
才能(재능) - 才幹(재간)	祭需(제수) - 祭物(제물)	
嫡出(적출) - 嫡子(적자)	造花(조화) - 假花(가화)	
朝廷(조정) - 政府(정부)	他鄕(타향) - 他官(타관)	

5. 음은 같고 뜻이 다른 말 (同音異義語)

가계 { 家系 : 한 집안의 계통.
       家計 : 살림살이. }

가구 { 家口 : 주거와 생계 단위.
       家具 : 살림에 쓰이는 세간. }

가사 { 歌詞 : 노랫말.
       歌辭 : 조선시대에 성행했던 시가(詩歌)의 형태.
       家事 : 집안 일.
       假死 : 죽음에 가까운 상태.
       袈裟 : 승려가 입는 승복. }

가설 { 假設 : 임시로 설치함.
       假說 : 가정해서 하는 말. }

가장 { 家長 : 집안의 어른.
       假裝 : 가면으로 꾸밈.
       假葬 : 임시로 만든 무덤. }

감상 { 感想 : 마음에 느끼어 일어나는 생각.
       鑑賞 : 예술 작품 따위를 이해하고 음미함.
       感傷 : 마음에 느껴 슬퍼함. }

개량 { 改良 : 고쳐서 좋게 함.
       改量 : 다시 측정함. }

개정 {
改定 : 고쳐서 다시 정함.
改正 : 바르게 고침.
改訂 : 고쳐서 정정함
}

결의 {
決議 : 의안이나 의제 등의 가부를 회의에서 결정함.
決意 : 뜻을 정하여 굳게 마음 먹음.
結義 : 남남끼리 친족의 의리를 맺음.
}

경계 {
警戒 : 범죄나 사고 등이 일어나지 않도록 미리 조심함.
敬啓 : '삼가 말씀 드립니다'의 뜻.
境界 : 지역이 나누어지는 한계.
}

경기 {
競技 : 운동이나 무예 등의 기술, 능력을 겨루어 승부를 가림.
京畿 : 서울을 중심으로 한 가까운 지방.
景氣 : 기업을 중심으로 한 여러 가지 경제의 상태.
}

경비 {
警備 : 경계하고 지킴.
經費 : 일을 처리하는데 드는 비용.
}

경로 {
經路 : 일이 되어 가는 형편이나 순서.
敬老 : 노인을 공경함.
}

공론 {
公論 : 공평한 의론.
空論 : 쓸데없는 의론.
}

공약 {
公約 : 공중(公衆)에 대한 약속.
空約 : 헛된 약속.
}

과정 {
過程 : 일이 되어가는 경로.
課程 : 과업의 정도. 학년의 정도에 따른 과목.
}

교감
- 校監 : 학교장을 보좌하여 학교 업무를 감독하는 직책.
- 交感 : 서로 접촉하여 감응함.
- 矯監 : 교도관 계급의 하나.

교단
- 校壇 : 학교의 운동장에 만들어 놓은 단.
- 敎壇 : 교실에서 교사가 강의할 때 올라서는 단.
- 敎團 : 같은 교의(敎義)를 믿는 사람끼리 모여 만든 종교 단체.

교정
- 校訂 : 출판물의 잘못된 글자나 어구 따위를 바르게 고침.
- 校正 : 잘못된 글자를 대조하여 바로잡음.
- 校庭 : 학교 운동장.
- 矯正 : 좋지 않은 버릇이나 결점 따위를 바로 잡아 고침.

구전
- 口傳 : 입으로 전하여 짐. 말로 전해 내려옴.
- 口錢 : 흥정을 붙여주고 그 보수로 받는 돈.

구조
- 救助 : 위험한 상태에 있는 사람을 도와서 구원함.
- 構造 : 어떤 물건이나 조직체 따위의 전체를 이루는 관계.

구호
- 救護 : 어려운 사람을 보호함.
- 口號 : 대중집회나 시위 등에서 어떤 주장이나 요구를 나타내는 짧은 문구.

귀중
- 貴中 : 편지를 받을 단체의 이름 뒤에 쓰이는 높임말.
- 貴重 : 매우 소중함.

금수
- 禽獸 : 날짐승과 길짐승.
- 禁輸 : 수출이나 수입을 금지함.
- 錦繡 : 수놓은 비단.

급수
- 給水 : 물을 공급함.
- 級數 : 기술의 우열을 가르는 등급.

기능 {
技能 : 기술상의 재능.
機能 : 작용, 또는 어떠한 기관의 활동 능력.
}

기사 {
技士 : 기술직의 이름.
棋士 : 바둑을 전문적으로 두는 사람.
騎士 : 말을 탄 무사.
記事 : 사실을 적음. 신문이나 잡지 등에 어떤 사실을 실어 알리는 일.
記寫 : 기록하여 씀.
}

기수 {
旗手 : 단체 행진 중에서 표시가 되는 깃발을 든 사람.
騎手 : 말을 타는 사람.
機首 : 비행기의 앞머리.
}

기원 {
紀元 : 역사상으로 연대를 계산할 때에 기준이 되는 첫 해. 나라를 세운 첫 해.
祈願 : 소원이 이루어지기를 빎.
起源 : 사물이 생긴 근원.
棋院 : 바둑을 두려는 사람에게 장소를 제공하는 업소.
}

노력 {
努力 : 어떤 일을 하는데 드는 힘. 생산에 드는 인력(人力).
努力 : 어떤 일을 이루기 위하여 힘을 다하여 애씀.
}

노장 {
老壯 : 늙은이와 장년.
老莊 : 노자와 장자.
老將 : 늙은 장수. 오랜 경험으로 뛰어난 능력을 가진 사람.
}

녹음 {
綠陰 : 푸른 잎이 우거진 나무 그늘.
錄音 : 소리를 재생할 수 있도록 기계로 기록하는 일.
}

단절 {
斷絶 : 관계를 끊음.
斷切 : 꺾음. 부러뜨림.
}

단정 { 端整 : 깔끔하고 가지런함. 얼굴 모습이 반듯하고 아름다움.
　　 斷情 : 정을 끊음.
　　 斷定 : 분명한 태도로 결정함. 명확하게 판단을 내림.

단편 { 短篇 : 소설이나 영화 등에서 길이가 짧은 작품.
　　 斷片 : 여럿으로 끊어진 조각.
　　 斷編 : 조각조각 따로 떨어진 짧은 글.

동지 { 冬至 : 24절기의 하나.
　　 同志 : 뜻을 같이 하는 일. 또는 그런 사람.

동정 { 動靜 : 움직임과 조용함.
　　 童貞 : 이성과의 성적 관계가 아직 없는 순결성 또는 사람.
　　　　　 가톨릭에서 '수도자'를 일컫는 말.
　　 同情 : 남의 불행이나 슬픔 따위를 자기 일처럼 생각하여 가슴 아파함.

발전 { 發展 : 세력 따위가 널리 뻗어 나감.
　　 發電 : 전기를 일으킴.

방문 { 訪問 : 남을 찾아봄.
　　 房門 : 방으로 드나드는 문.

방화 { 防火 : 불이 나지 않도록 미리 단속함.
　　 放火 : 일부러 불을 지름.
　　 邦畫 : 우리 나라 영화.
　　 邦貨 : 우리 나라 화폐.

보고 { 寶庫 : 귀중한 것이 갈무리되어 있는 곳.
　　 報告 : 결과나 내용을 알림.

보도 { 步道 : 사람이 다니는 길.
　　 報道 : 신문이나 방송으로 새 소식을 널리 알림.
　　 寶刀 : 보배로운 칼.

부인 {
婦人 : 기혼 여자.
夫人 : 남의 아내를 높이어 이르는 말.
否認 : 인정하지 않음.
}

부정 {
否定 : 그렇지 않다고 단정함.
不正 : 바르지 못함.
不貞 : 여자가 정조를 지키지 않음.
不淨 : 깨끗하지 못함.
}

비행 {
非行 : 도리나 도덕 또는 법규에 어긋나는 행위.
飛行 : 항공기 따위의 물체가 하늘을 날아다님.
}

비명 {
碑銘 : 비(碑)에 새긴 글.
悲鳴 : 몹시 놀라거나 괴롭거나 다급할 때에 지르는 외마디 소리.
非命 : 제 목숨대로 살지 못함.
}

비보 {
飛報 : 급한 통지.
悲報 : 슬픈 소식.
}

사고 {
思考 : 생각하고 궁리함.
事故 : 뜻밖에 잘못 일어나거나 저절로 일어난 사건이나 탈.
四苦 : 불교에서, 사람이 한 평생을 살면서 겪는 생(生), 노(老), 병(病), 사(死)의
네 가지 괴로움을 이르는 말.
史庫 : 조선 시대 때, 역사 기록이나 중요한 서적을 보관하던 정부의 곳집.
社告 : 회사에서 내는 광고.
}

사상 {
史上 : 역사상.
死傷 : 죽음과 다침.
事象 : 어떤 사정 밑에서 일어나는 사건이나 사실.
思想 : 생각이나 의견. 사고 작용으로 얻은 체계적 의식 내용.
}

사서
- 辭書 : 사전.
- 四書 : 유교 경전인 논어(論語), 맹자(孟子), 대학(大學), 중용(中庸)을 말함.
- 史書 : 역사에 관한 책.

사수
- 射手 : 총포나 활 따위를 쏘는 사람.
- 死守 : 목숨을 걸고 지킴.
- 詐數 : 속임수.

사실
- 史實 : 역사에 실제로 있는 사실(事實).
- 寫實 : 사물을 실제 있는 그대로 그려냄.
- 事實 : 실제로 있었던 일.

사은
- 師恩 : 스승의 은혜.
- 謝恩 : 입은 은혜에 대하여 감사함.
- 私恩 : 개인끼리 사사로이 입은 은혜.

사장
- 社長 : 회사의 우두머리.
- 査丈 : 사돈집의 웃어른.
- 射場 : 활 쏘는 터.

사전
- 辭典 : 낱말을 모아 일정한 순서로 배열하여 싣고 그 발음, 뜻 등을 해설한 책.
- 事典 : 여러 가지 사물이나 사항을 모아 그 하나 하나에 장황한 해설을 붙인 책.
- 私田 : 개인 소유의 밭.
- 事前 : 무슨 일이 일어나기 전.

사정
- 査正 : 그릇된 것을 조사하여 바로잡음.
- 司正 : 공직에 있는 사람의 질서와 규율을 바로 잡는 일.
- 事情 : 일의 형편이나 그렇게 된 까닭.

상가
- 商街 : 상점이 줄지어 많이 늘어 서 있는 거리.
- 商家 : 장사를 업으로 하는 집.
- 喪家 : 초상난 집.

상품
- 上品 : 높은 품격. 상치. 극락정토의 최상급.
- 商品 : 사고 파는 물건.
- 賞品 : 상으로 주는 물품.

성대
- 盛大 : 행사의 규모, 집회, 기세 따위가 아주 거창함.
- 聲帶 : 후두 중앙에 있는, 소리를 내는 기관.

성시
- 成市 : 장이 섬. 시장을 이룸.
- 盛市 : 성황을 이룬 시장.
- 盛時 : 나이가 젊고 혈기가 왕성한 때.

수도
- 首都 : 한 나라의 중앙 정부가 있는 도시.
- 水道 : 상수도와 하수도를 두루 이르는 말.
- 修道 : 도를 닦음.

수상
- 受賞 : 상을 받음.
- 首相 : 내각의 우두머리. 국무총리.
- 殊常 : 언행이나 차림새 따위가 보통과 달리 이상함.
- 隨想 : 사물을 대할 때의 느낌이나 그때그때 떠오르는 생각.
- 受像 : 텔레비전이나 전송 사진 등에서, 영상(映像)을 전파로 받아 상(像)을 비침.

수석
- 首席 : 맨 윗자리. 석차 따위의 제1위.
- 壽石 : 생긴 모양이나 빛깔, 무늬 등이 묘하고 아름다운 천연석.
- 樹石 : 나무와 돌.
- 水石 : 물과 돌. 물과 돌로 이루어진 자연의 경치.

수신
- 受信 : 통신을 받음.
- 水神 : 물을 다스리는 신.
- 修身 : 마음과 행실을 바르게 하도록 심신(心身)을 닦음.
- 守身 : 자기의 본분을 지켜 불의(不義)에 빠지지 않도록 함.

수집
- 收集 : 여러 가지 것을 거두어 모음.
- 蒐集 : 여러 가지 자료를 찾아 모음.

시기
- 時機 : 어떤 일을 하는 데 알맞을 때.
- 時期 : 정해진 때. 기간.
- 猜忌 : 샘하여 미워함.

시상
- 詩想 : 시를 짓기 위한 시인의 착상이나 구상.
- 施賞 : 상장이나 상품 또는 상금을 줌.

시세
- 時勢 : 시국의 형편.
- 市勢 : 시장에서 수요와 공급의 원활한 정도.

시인
- 詩人 : 시를 짓는 사람.
- 是認 : 옳다고, 또는 그러하다고 인정함.

실사
- 實事 : 실제로 있는 일.
- 實査 : 실제로 검사하거나 조사함.
- 實寫 : 실물(實物)이나 실경(實景), 실황(實況) 등을 그리거나 찍음.

실수
- 實數 : 유리수와 무리수를 통틀어 이르는 말.
- 失手 : 부주의로 잘못을 저지름.
- 實收 : 실제 수입이나 수확.

역설 {
力說 : 힘주어 말함.
逆說 : 진리와는 반대되는 말을 하는 것처럼 들리나, 잘 생각해 보면 일종의
　　　진리를 나타낸 표현. (사랑의 매, 작은 거인 등)
}

우수 {
優秀 : 여럿 가운데 특별히 뛰어남.
憂愁 : 근심과 걱정.
}

원수 {
元首 : 한 나라의 최고 통치권을 가진 사람.
怨讐 : 원한이 맺힌 사람.
元帥 : 군인의 가장 높은 계급, 또는 그 명예 칭호.
}

유전 {
遺傳 : 끼쳐 내려옴. 양친의 형질(形質)이 자식에게 전해지는 현상.
流轉 : 이리저리 떠돌아다님.
油田 : 석유가 나는 곳.
流傳 : 세상에 널리 퍼짐.
}

유학 {
儒學 : 유교의 학문.
留學 : 외국에 가서 공부함.
遊學 : 타향에 가서 공부함.
幼學 : 지난 날, 벼슬하지 않은 유생을 이르는 말.
}

이상 {
異狀 : 평소와 다른 상태.
異常 : 보통과는 다른 상태. 어떤 현상이 이미 가지고 있는 경험이나 지식으로는
　　　헤아릴 수 없을 만큼 별남.
異象 : 특수한 현상.
理想 : 각자의 지식이나 경험 범위에서 최고라고 생각되는 상태.
}

이성 {
理性 : 사물의 이치를 논리적으로 생각하고 판단하는 마음의 작용.
異姓 : 다른 성, 타 성.
異性 : 남성 쪽에서 본 여성, 또는 여성 쪽에서 본 남성.
}

이해 { 理解 : 사리를 분별하여 앎.
　　　利害 : 이익과 손해.

인도 { 引導 : 가르쳐 이끎. 길을 안내함. 미혹한 중생(衆生)을 이끌어 오도(悟道)에 들게 함.
　　　人道 : 차도 따위와 구별되어 있는 사람이 다니는 길. 사람으로서 지켜야 할 도리.
　　　引渡 : 물건이나 권리 따위를 건네어 줌.

인상 { 印象 : 마음에 남는 자취. 접촉한 사물 현상이 기억에 새겨지는 자취나 영향.
　　　引上 : 값을 올림.

인정 { 人情 : 사람이 본디 지니고 있는 온갖 심정.
　　　仁政 : 어진 정치.
　　　認定 : 옳다고 믿고 인정함.

장관 { 壯觀 : 훌륭한 광경.
　　　長官 : 나라 일을 맡아보는 행정 각부의 책임자.

재고 { 再考 : 다시 한 번 생각함.
　　　在庫 : 창고에 있음. '재고품'의 준말.

전경 { 全景 : 전체의 경치.
　　　戰警 : '전투 경찰대'의 준말.
　　　前景 : 눈 앞에 펼쳐져 보이는 경치.

전시 { 展示 : 물품 따위를 늘어 놓고 일반에게 보임.
　　　戰時 : 전쟁을 하고 있는 때.

정당 { 政黨 : 정치적인 단체.
　　　政堂 : 옛날의 지방 관아.
　　　正當 : 바르고 옳음.

정리
- 定理 : 이미 진리라고 증명된 일반된 명제.
- 整理 : 흐트러진 것을 바로 잡음.
- 情理 : 인정과 도리.
- 正理 : 올바른 도리.

정원
- 定員 : 일정한 규정에 따라 정해진 인원.
- 庭園 : 집 안의 뜰.
- 正員 : 정당한 자격을 가진 사람.

정전
- 停電 : 송전(送電)이 한때 끊어짐.
- 停戰 : 전투 행위를 그침.

조리
- 條理 : 앞 뒤가 들어맞고 체계가 서는 갈피.
- 調理 : 음식을 만듦.

조선
- 造船 : 배를 건조함.
- 朝鮮 : 상고 때부터 써내려오던 우리 나라 이름. 이성계가 건국한 나라.

조화
- 調和 : 대립이나 어긋남이 없이 서로 잘 어울림.
- 造化 : 천지 자연의 이치.
- 造花 : 인공으로 종이나 헝겊 따위로 만든 꽃.
- 弔花 : 조상(弔喪)하는 뜻으로 바치는 꽃.

주관
- 主管 : 어떤 일을 책임지고 맡아 관할, 관리함.
- 主觀 : 외계 및 그 밖의 객체를 의식하는 자아. 자기 대로의 생각.

지급
- 至急 : 매우 급함.
- 支給 : 돈이나 물품 따위를 내어 줌.

지도
- 指導 : 가르치어 이끌어 줌.
- 地圖 : 지구를 나타낸 그림.

지성 { 知性 : 인간의 지적 능력.
       至誠 : 정성이 지극함.

지원 { 志願 : 뜻하여 몹시 바람. 그런 염원이나 소원.
       支援 : 지지해 도움. 원조함.

직선 { 直選 : '직접 선거'의 준말.
       直線 : 곧은 줄.

초대 { 招待 : 남을 불러 대접함.
       初代 : 어떤 계통의 첫 번째 차례 또 그 사람의 시대.

최고 { 最古 : 가장 오래됨.
       最高 : 가장 높음. 또는 제일 임.
       催告 : 재촉하는 뜻으로 내는 통지.

축전 { 祝電 : 축하 전보.
       祝典 : 축하하는 식전.

통화 { 通貨 : 한 나라에서 통용되는 화폐.
       通話 : 말을 주고 받음.

표지 { 表紙 : 책의 겉장.
       標紙 : 증거의 표로 글을 적는 종이.

학원 { 學園 : 학교와 기타 교육 기관을 통틀어 이르는 말.
       學院 : 학교가 아닌 사립 교육 기관.

화단 { 花壇 : 화초를 심는 곳.
       畵壇 : 화가들의 사회.